Cuidar
até
o
fim.

Ana Claudia
Quintana Arantes

Cuidar até o fim.

SEXTANTE

Copyright © 2024 por Ana Claudia de Lima Quintana Arantes

Todos os direitos reservados. Nenhuma parte deste livro pode ser utilizada ou reproduzida sob quaisquer meios existentes sem autorização por escrito dos editores.

edição: Sibelle Pedral
preparo de originais: Alice Dias
revisão: Ana Grillo e Hermínia Totti
produção editorial: Livia Cabrini
diagramação: Ana Paula Daudt Brandão
capa e ilustrações de miolo: Renata Polastri / Estúdio Bogotá
impressão e acabamento: Cromosete Gráfica e Editora Ltda.

CIP-BRASIL. CATALOGAÇÃO NA PUBLICAÇÃO
SINDICATO NACIONAL DOS EDITORES DE LIVROS, RJ

A683c

Arantes, Ana Claudia Quintana
  Cuidar até o fim / Ana Claudia Quintana Arantes. - 1. ed. - Rio de Janeiro : Sextante, 2024.
  224 p. ; 21 cm.

  ISBN 978-65-5564-867-6

  1. Cuidados paliativos. 2. Doentes em estado crítico - Cuidado e tratamento. 3. Técnicas de autoajuda. I. Título.

24-93003

CDD: 616.029
CDU: 616-036.8

Gabriela Faray Ferreira Lopes - Bibliotecária - CRB-7/6643

Todos os direitos reservados, no Brasil, por
GMT Editores Ltda.
Rua Voluntários da Pátria, 45 – 14º andar – Botafogo
22270-000 – Rio de Janeiro – RJ
Tel.: (21) 2538-4100
E-mail: atendimento@sextante.com.br
www.sextante.com.br

Para os familiares e amigos amados de cada pessoa que pude cuidar na minha vida até seu último instante.

A paz de quem cuidou até o fim permanece entre nós.

Sumário

INTRODUÇÃO
Quando algo muda no corpo que habitamos — 9

CAPÍTULO 1
Vida, minha vida, olha o que é que eu fiz — 21

CAPÍTULO 2
A única boa notícia que poderemos dar — 39

CAPÍTULO 3
A zona cinza da terminalidade — 47

CAPÍTULO 4
Quando o corpo se transforma — 61

CAPÍTULO 5
A gestão da impermanência — 71

CAPÍTULO 6
As etapas do morrer — 89

CAPÍTULO 7
As palavras que dizemos a quem está morrendo — 105

CAPÍTULO 8
A ansiedade e o sofrimento — 119

CAPÍTULO 9
Como é o morrer? — 129

CAPÍTULO 10
Futilidades — 141

CAPÍTULO 11
A parte que cabe aos profissionais de saúde — 157

CAPÍTULO 12
Depois da morte — 173

CAPÍTULO 13
O tempo do luto — 183

EPÍLOGO
Se eu puder deixar uma mensagem — 197

APÊNDICE
Perguntas mais frequentes de profissionais de saúde, pacientes e familiares — 203

Agradecimentos — 221

INTRODUÇÃO

Quando algo muda no corpo que habitamos

Durante boa parte do tempo, ignoramos a presença do nosso corpo. Não há nada de errado com isso: apenas é como é para a maioria das pessoas. Só lembramos que temos um corpo quando ele sinaliza suas necessidades: fome, sede, sono, dor, vontade de ir ao banheiro, tesão. No mais, vamos vivendo a vida como achamos que ela deve ser vivida.

Claro, há aquelas pessoas que se preocupam com a saúde, cuidam da alimentação, praticam atividade física, fazem tudo que podem para evitar doenças. Mesmo essas, porém, a certa altura encontrarão algum sinal de que algo não é mais como era antes. Afinal, mesmo o ser humano com os hábitos mais saudáveis do universo em algum momento vai adoecer.

A doença faz parte da nossa história biológica e há um risco enorme de que ela chegue se estivermos vivos. Ainda que tomemos todas as atitudes possíveis e imagináveis para mantê-la a distância, ela pode bater à nossa porta e se anunciar. Quando isso acontece, nossa primeira reação é buscar explicações lógicas e racionais para a presença de algum sintoma diferente: "Deve ter sido o jantar pesado de ontem", "Quem mandou caminhar naquele calorão?", "Acho que foi aquele tombo que levei outro dia". Nossa mente vai tentar justificar a dor estranha, o cansaço mais intenso que o habitual, o mal-estar diferente de outros que já sentimos. É o que também costumamos fazer quando uma pessoa querida vem nos contar que não está se sentindo bem.

Pode de fato ser o jantar, o calor, o tombo. Pode ser uma doença curável de fácil diagnóstico. Pode ser uma doença complexa que exigirá tratamento prolongado e grandes mudanças de rotina. E pode ser uma doença que ameace a continuidade da vida.

Nesse momento, quando o corpo apresenta os primeiros sinais e sintomas, ainda não temos como saber que há um tsunami se formando dentro de nós – dentro da pessoa que vive conosco, que amamos, que queremos que viva 100 anos, mas que dificilmente viverá.

Um tsunami.

Na manhã de 24 de dezembro de 2004, "um dia cortado de nenhum pressentimento" – como escreveu o poeta –, duas placas tectônicas se chocaram nas profundezas do oceano Índico, desencadeando um terremoto de 9,1 pontos na escala Richter – que vai até 10.

A princípio, os milhares de turistas que lotavam as praias da Tailândia, Indonésia e de outros países próximos do epicentro do tremor testemunharam um fenômeno deslumbrante: por alguns momentos mágicos, o mar recuou, e então foi possível ver estrelas-do-mar, conchas exóticas, corais raros e pequenos peixes perplexos com a súbita ausência da água. Muitos banhistas aproximaram-se para brincar com as coisas bonitas que o mar revelava. Então, erguendo os olhos para o horizonte, viram as primeiras ondas gigantes que se aproximavam, algumas com cerca de 50 metros de altura. O tsunami engoliu casas, carros, árvores, pessoas – centenas de milhares de pessoas. Fala-se hoje em mais de 220 mil mortos.

Diante de uma doença, muitas vezes somos como turistas catando conchas enquanto nosso corpo, ou o corpo de alguém que amamos, gesta um tsunami. Ignorantes, ou apenas inocentes, sem saber o que se passa dentro de nós ou do outro, vivenciamos alguns estágios clássicos do processo chamado "psicologia do mecanismo de defesa".

O primeiro estágio diz respeito a nossos próprios pensamentos. Diante da pergunta elementar "O que será que eu tenho?" ou "O que será que ele tem?", reviramos a memória e nos consolamos com as justificativas do jantar pesado, do calor ou do tombo. Se é conosco, dizemos a nós mesmos que está nas nossas mãos mudar aquele quadro. *Estou me alimentando muito mal, vou parar de comer besteira.* Ou *Estou trabalhando muito, preciso descansar e buscar formas de lidar melhor com o estresse.* Conseguimos admitir que algo não vai bem, mas ainda nutrimos a esperança de que podemos voltar à situação anterior com providências imediatas.

Só que em alguns casos as mudanças não surtem efeito.

O estágio seguinte, então, é procurar um médico para descobrir o que está acontecendo. Vêm os exames, a espera ansiosa pelos resultados, a necessidade autoimposta de "pensar positivo". Muitas vezes dá tudo certo e voltamos a viver sem lembrar do nosso corpo, ao menos até o próximo sintoma. Mas há casos em que os exames indicam a existência de uma doença grave, muito grave ou incurável à luz dos conhecimentos da medicina.

Começa então o estágio do enfrentamento.

Suponhamos que essa pessoa (ou nós mesmos) inicie um tratamento que caminha bem por um tempo e depois começa a dar sinais de fracasso.

Em algum momento da nossa vida, provavelmente teremos que lidar com alguém que se descobriu doente grave de alguma coisa sem conserto. Talvez aconteça conosco e tenhamos que nos entender com um novo modo de viver até que a morte chegue. Por mais que façamos tudo certo, por mais que vivamos de acordo com os melhores manuais do bem viver, não estamos no controle do nosso tempo de vida e da qualidade desse tempo enquanto estivermos aqui.

Escrevi este livro para mostrar um caminho que pode trazer paz e conforto a quem está morrendo, a sua família e a quem está cuidando da pessoa adoecida. Ele pode ser útil a qualquer um que esteja vivenciando a proximidade de uma partida – do profissional de saúde aos familiares e amigos. De certa forma, é um convite a que concentremos nossa atenção nas estrelas-do-mar, nas conchas e nos peixes coloridos que o recuo das águas põe diante de nossos olhos, sem, no entanto, esquecer que o tsunami está chegando. Também espero que seja lido por pessoas que ainda não cuidaram de ninguém, mas, pelo fato de se perceberem humanas, sabem que em algum momento isso pode acontecer.

Falaremos de Cuidados Paliativos, a área da assistência que provê as medidas necessárias para aliviar o sofrimento nas dimensões física, emocional, social, familiar e espiritual de pessoas que enfrentam uma doença que ameaça a continuidade da vida. Idealmente, esses cuidados deveriam ser iniciados assim que o paciente recebe o diagnóstico de uma doença grave, de modo a prevenir ou aliviar o sofrimento, melhorando sua qualidade de vida, mesmo que não seja um doente terminal. Nessa disciplina, abordamos o processo de adoecimento, o tratamento para controle da doença de base e, no tempo final de vida, se a medicina não puder oferecer mais nada que mude o curso natural das coisas, as providências para que a morte aconteça em paz.

Para cuidar de cada pessoa até o fim.

Os cuidados paliativos são minha especialidade e minha paixão, uma área a que venho dedicando minha carreira há algumas décadas. Não é um campo do conhecimento que mata pessoas; o que mata as pessoas é a doença que elas têm. Tampouco "aceleramos" o processo. Pelo contrário: ao combater as dores e o sofrimento, melhoramos a qualidade do tempo de vida que resta. Em muitos casos, o doente até vive mais do que o esperado para seu quadro.

Tenho o propósito de ensinar meus leitores a lidar com os próprios sentimentos no contato com a morte. Assim, gostaria que terminassem esta leitura mais sábios em se comunicar com quem está morrendo. Vou apresentar técnicas para aliviar o sofrimento físico e emocional dos pacientes, pois quero que os leitores saibam o que fazer – e o que *não* fazer – quando forem cuidar de alguém que está vivendo um processo ativo de morte. Por fim, quero que aprendam a conduzir da melhor forma possível o processo de luto de uma família que acaba de perder um ente querido.

Esses talvez sejam os conhecimentos mais úteis que eu possa compartilhar.

Ao longo da minha prática médica, testemunhei experiências grandiosas aflorarem durante o processo de adoecimento, a exemplo dos tesouros no fundo do mar que o tsunami revela. No curso de seu tratamento, o doente pode descobrir que é muito mais corajoso do que imaginava. Que tem uma família maravilhosa e solidária. Que o SUS, o nosso sistema público de saúde universal, oferece assistência humanizada e competente, ou que o convênio médico se porta de maneira impecável na sua adversidade.

Nada disso, porém, impede que o tsunami se forme.

O primeiro grande drama de uma pessoa acometida de uma doença ameaçadora surge quando se descobre que a doença não responde mais a nenhuma intervenção que a medicina possa oferecer. Nessa situação, alguns procedimentos ainda podem fazer sentido, porque trarão benefícios para a qualidade de vida ou para o tempo restante de existência, e nesse caso devem ser considerados. No entanto, sabemos que há muitos recursos invasivos que apenas prolongam a vida trazendo sofrimento. Família e equipe médica precisarão falar sobre essa nova etapa com o paciente, mas mesmo entre nós, médicos, poucos receberam treinamento para transmitir más notícias. Às vezes, enfrentar a verdade, dependendo de como essa verdade é comunicada, pode ser mais traumático do que enfrentar a doença em si.

O segundo grande drama é o paciente conseguir conversar sobre seu diagnóstico com a família, de maneira honesta e transparente. Pela minha experiência, sei que nove em cada dez pacientes sabem a verdade sobre sua condição grave, mas apenas três ou quatro são capazes de conduzir essa conversa tão dolorosa.

Ouço muito de pacientes: "Doutora, eu tenho câncer/ uma doença neurológica/uma condição irreversível no coração, mas minha família não sabe que eu sei e não está sabendo lidar com isso." Tive pacientes que marcaram consultas para que eu ajudasse a família a aceitar o diagnóstico. A raridade da raridade é uma família, um paciente e uma equipe médica que sabem falar a verdade sem se tornarem cruéis. A verdade é remédio e cura muita coisa. Porém, sendo remédio, tem posologia – hora e dosagem certas.

O terceiro grande drama envolve os sentimentos e as emoções tanto de quem cuida quanto de quem é cuidado. O mais difícil deles é o medo, mas todos podem ser obstáculos a uma morte pacífica e digna. Mas também para esses sentimentos há antídotos, e falaremos sobre eles adiante.

Aprender a manejar os três grandes dramas é essencial porque, quando o tsunami chega, seu poder de destruição pode ser muito maior do que jamais imaginamos. Pessoas que diziam que "agora não é hora de cuidados paliativos, é hora de lutar", de repente veem seus entes queridos mergulhados em sofrimentos que poderiam ser evitados caso esses cuidados tivessem sido iniciados no tempo certo. O paciente que faz a opção por esses cuidados não está desistindo de viver. Está desistindo de sofrer desnecessariamente.

É lamentável que muitos ainda acreditem que olhar para a morte e reconhecer sua aproximação faz o fim chegar mais rápido. Quando negamos a proximidade da morte, o que chega voando é o sofrimento.

Todos os dias trabalho para que mais e mais pessoas percebam a importância de paliar a dor o mais cedo possível, desde as suas primeiras manifestações. Este livro é parte desse esforço.

A pergunta mais urgente é: por que tantos escolhem a ignorância?

Essa é uma resposta que conheço bem: porque é mesmo muito difícil lidar com os sentimentos e as emoções na fase final de uma condição de adoecimento grave.

Há pessoas que só conseguem adormecer se fizerem uma oração pedindo um milagre, outro tratamento, outro hospital, outro médico, outra saída. Há pessoas que trancam os pensamentos sobre a doença numa gaveta mental e evitam abri-la. Fugimos de pensamentos que nos causem medo, talvez a mais indomável de todas as emoções.

A verdade exige coragem, mas a coragem não é o antídoto para o medo, e sim para a covardia. Acovardar-se diante da finitude nos tira a oportunidade de proteger a nós mesmos ou a pessoa que amamos de um sofrimento desnecessário. Quanto ao medo, só conseguimos neutralizá-lo com a compaixão, que não é um sentimento raso de pena, mas uma emoção nobre, preenchida com nossa capacidade de ação.

A forma mais eficiente de aliviar o sofrimento de alguém que vive os tempos finais de sua vida é concentrar todo o nosso trabalho em promover o bem-estar dessa pessoa. E só saberemos o que fazer se tivermos a coragem de encarar a verdade.

A verdade
exige
coragem.

CAPÍTULO 1

Vida, minha vida, olha o que é que eu fiz

Em pleno 2024, por incrível que pareça, a ciência ainda não chegou a uma conclusão definitiva sobre o que é vida. Do ponto de vista prático, porém, há uma resposta: vida é uma condição sexualmente transmissível, incurável e progressiva ao longo da qual seremos expostos a diversas incapacidades, e que em 100% dos casos acabará em morte.

A vida se estende num intervalo determinado por dois eventos: nascimento e morte. Quando começamos esse tempo, ou seja, quando somos bebês, temos condições físicas de superação muito favoráveis, diferentemente de quando somos idosos, pois nosso organismo está naturalmente fragilizado. À medida que envelhecemos, perdemos capacidades e reservas da nossa condição biológica.

Nossa vida pode durar muito ou pouco, a depender do ambiente, dos genes que herdamos, do nosso estilo de vida, das fatalidades, de fatores sanitários, etc. Em 1900 uma pessoa vivia em média 46 anos. Nos anos 2000, no Brasil, chegamos à expectativa de vida média de 78 anos – um pouco mais para as mulheres nas regiões Sul e Sudeste, as mais ricas do país. Muitos anos foram acrescidos à vida graças, sobretudo, à melhoria das condições de saneamento básico, ao advento dos antibióticos e às vacinas. As pessoas não vivem mais graças à mais recente medicação inovadora contra o câncer; vivem mais porque têm acesso a esgoto, água tratada, vacina e cuidados médicos básicos.

No dia a dia, pouco pensamos nisso. Levamos a vida em boa companhia, conectados ao mundo exterior e com pelo menos algumas das nossas necessidades satisfeitas – o restante, digamos que estamos correndo atrás. No entanto, diante da definição de vida que proponho, deveríamos considerar a possibilidade de receber um diagnóstico difícil em algum momento. Afinal, estamos vivos, e isso significa que precisamos estar muito atentos a cada passo que damos. Se nos distrairmos, poderemos tropeçar e cair, e a queda será tão mais traumática quanto menos preparados estivermos para ela. Escrevi "queda", mas o raciocínio vale, naturalmente, para todas as perdas. A rigor, deveríamos ter o tempo inteiro a consciência de que vamos perder pessoas, capacidades, possibilidades.

A essa altura, talvez você tenha parado para refletir sobre como seria viver pensando nas perdas que virão. Isso não pode tirar a alegria da vida?

Penso justamente o contrário: que essa consciência deveria intensificar o valor de cada grande e pequeno acontecimento de todo dia. Em vez de ficarmos tristes ou perturbados, deveríamos sentir mais plenamente a alegria. Cada momento é único e não o viveremos de novo. Se vivermos com intensidade cada um deles, haverá uma chance maior de a experiência ficar impregnada em nossa memória.

Se cada momento é único, será que não devemos prestar mais atenção nele?

Muitas famílias me perguntam: "Meu ente querido está morrendo. O que é que eu faço agora?" Ora, aproveite esse momento único em que a pessoa está viva, mesmo que esteja morrendo. Vá até ela, cubra-a de beijos, deite do lado dela, peça um colo. Transforme esse encontro em memória afetiva, guarde-o na sua gaveta das melhores lembranças e resgate-o quando precisar de alento.

Vistos de longe, momentos assim poderiam parecer buracos que drenam a alegria, mas se nos aproximarmos veremos que ele nos leva a memórias inesquecíveis.

Todas as nossas experiências estão presentes na nossa memória, mas só podem ser resgatadas por códigos de afeto.

Um dia, minha filha foi embora de casa. Partiu feliz, para estudar o que sempre sonhou, numa universidade excelente na Alemanha, um país culturalmente rico e interessante. Longe dela, vivi pela primeira vez a experiência do ninho vazio.

Lembro bem. Era janeiro, e acordamos muito cedo para chegar a tempo ao subdistrito onde ela seria registrada como nova moradora da cidade de Berlim, levando conosco toda a documentação do aceite para estudos. Cinco horas da manhã, chuva, frio de muitos graus abaixo de zero. Mais frio, porém, era o lugar onde eu estava dentro de mim, me perguntando se era meu direito acabar com aquela história de morar fora, de ficar longe de mim, longe da minha necessidade de resolver todos os problemas da vida dela.

Estava dividida entre apoiá-la naquela enorme aventura e protegê-la de qualquer perigo.

Aquela madrugada fria me parecia a coisa mais triste do mundo.

Chegamos de trem ao endereço para registro. Como não falo alemão, disse a ela que entrasse, explicasse a situação e entregasse os documentos. Ela dava alguns passos, parava, olhava para trás e encontrava meus olhos. Eu dizia *Vai lá, vai! Vai dar certo!* Ela dava mais alguns passos e de novo olhava para mim. E eu de novo fazia os gestos com as mãos: *Vai lá!* E sorria.

Ela entrou sozinha.

Meu medo não era mais forte do que a certeza de que ela era, sim, capaz de resolver os próprios problemas, e eu estava ali só para ser testemunha daquele primeiro dia, difícil e ao mesmo tempo cheio de possibilidades de sucesso. E assim foi. Passado algum tempo ela ressurgiu com um sorriso lindo e inesquecível, balançando o papel na mão e dizendo: "Mãe! Consegui!"

Um filho que sai de casa para assumir suas responsabilidades é um lembrete de que o tempo passou e estamos envelhecendo, mesmo que essa partida seja um sinal de que, até aqui, fizemos tudo certo.

Na minha volta para o Brasil, fui ao mercado e enchi o carrinho com tudo que ela gostava. Quase chegando ao caixa, lembrei que ela não estava mais comigo. Chorei de um jeito profundo e visceral – devolvendo cada uma das coisas que estava prestes a comprar para alimentar minha filha. Ela não precisava mais tanto do meu leite, do meu colo, do meu calor.

No começo, ela só me falava de maravilhamento, até que começaram os primeiros desassossegos. O frio até então desconhecido. Uma prova perdida por travessuras do idioma recém-aprendido. A dificuldade para fazer amigos. Longe dela, ouvindo seus relatos, eu sentia angústia, mas depois de vê-la de novo, abraçá-la, sentir o cheiro dos seus cabelos cada vez que nos reencontrávamos, comecei a pensar diferente. Sim, é difícil, mas o amor entre nós conseguiu crescer mais do que se estivesse sufocado e indiferente, preso a uma rotina que não nos deixaria amar o abraço necessário. Cada pequeno momento nosso passou a ser único.

Aprendi a dar mais valor aos bons momentos. Os maus, paciência, fazem parte da vida. Não precisam ser *a* vida. Porque a vida é amor.

Certa vez, numa conversa sobre amor e morte, me perguntaram o que é o amor. Eu disse que há duas respostas, uma técnica e uma humana. A resposta técnica: o amor é a única cura possível. A resposta humana: o amor é a maior coragem possível, porque se amamos muito uma pessoa, mas dizemos que não estamos preparados para perdê-la, é porque ainda não a amamos o suficiente.

Para a maioria, porém, a ideia de manter uma "linha direta" com nossa finitude e com todos os percalços que costumam antecedê-la é impensável. Quando alguém diz que não está conseguindo lidar com o tsunami que se aproxima, eu costumo responder: tudo bem; distraia-se da possibilidade da queda, mas mantenha-se atento aos seus passos. Cada passo precisa ter paz. Precisa ser consciente e cuidadoso, porque se você estiver atento, conseguirá se levantar caso caia, mas se estiver distraído, pode ser levado pela enxurrada.

É a partir do nosso pequeno mundo interno que seremos capazes de oferecer ao outro a oportunidade de se reconstruir após uma transformação muito difícil, como o diagnóstico de uma doença grave. Pode acontecer a qualquer momento, envolvendo pessoas mais ou menos próximas, que amamos muito ou a quem estejamos ligados por outros vínculos. Pode acontecer, e acontece.

Em seu livro *O ano do pensamento mágico*, a escritora americana Joan Didion escreveu que "A vida se transforma rapidamente. A vida muda num instante. Você se senta para jantar e a vida que você conhecia acaba de repente". Aconteceu com ela: numa noite entre o Natal e o Ano-novo, Joan e seu marido, o também escritor John Gregory Dunne, haviam acabado de se sentar à mesa quando ele sofreu um infarto e morreu. Apenas alguns segundos e a vida tal como Joan conhecia havia se estilhaçado. Da mesma forma, uma doença que ameaça a continuidade da vida nos transforma irremediavelmente, sejamos nós o doente ou a pessoa que vai cuidar dele.

Não é necessariamente uma transformação ruim.

Quando nos damos conta de que nosso tempo pode ser curto, desenvolvemos a capacidade de escolher prioridades. Se eu tivesse mais um ano de vida, o que seria prioridade para mim? Um ano é pouco tempo, mas dentro dele cabem muitas experiências boas, muita felicidade.

E se eu tivesse um mês?

E uma semana?

Todos podemos não estar mais aqui na semana que vem. O simples fato de estarmos vivos já nos expõe ao risco de morrer. Então, precisamos aprender a fazer escolhas que possam ser as últimas, porque um dia serão. Um dia teremos só um dia de vida, e o que escolhermos para a nossa experiência nessas últimas 24 horas pode ser decisivo para a sensação de que fomos felizes ou não.

Quando temos consciência de que estamos vivendo nossos últimos momentos e ainda temos condições de expressar o que queremos nesses instantes finais, precisamos expressar claramente nossos desejos – a não ser que queiramos abrir espaço para o improviso ou a adivinhação.

Em 2016, conheci uma mulher que quis deixar tudo muito claro, sem margem para dúvidas, antes de partir. Ainda não tínhamos entrado na era das reuniões por telas, então estávamos em uma sala real, de paredes de tijolos, umas quarenta pessoas, em um evento em Florianópolis para conversar sobre a morte e o morrer. Eu me recordo que era o dia de Finados. Pelo formato do curso, quase intimista, cada participante tinha oportunidade de se apresentar e dizer por que estava ali. Houve histórias muito intensas de pessoas que tinham perdido pais e filhos, de pessoas que estavam cuidando de doentes e se sentiam atemorizadas diante da proximidade da morte, e houve a história de Ana Beatriz e Cauê. Ana Beatriz se apresentou assim:

"Olá, meu nome é Ana Beatriz, tenho 60 anos e há dez recebi um diagnóstico de câncer. Agora, depois de muitos tratamentos que me trouxeram alguma melhora em certos períodos e também dor e sofrimento, decidi que não quero mais me tratar. Vou morrer e vim aqui aprender como se faz."

Naquele instante, pensei: "Pronto, a aula está dada, o curso pode acabar aqui."

Não acabou, porque a pessoa seguinte a pedir a palavra foi Cauê, o filho de Ana Beatriz:

"Minha mãe tem um diagnóstico de câncer e não quer mais fazer tratamento. Eu respeito a vontade dela. Ela vai morrer e eu vim aqui para aprender como posso ajudá-la a passar por isso com menos sofrimento."

Aquelas duas pessoas mexeram profundamente com todos nós ali presentes. Foi lindo, transformador.

No final do curso, Ana Beatriz me pediu que cuidasse dela até morrer. Que assegurasse a ela a morte mais pacífica possível. Juntas, encontramos um profissional em Santa Catarina que a acompanhava no dia a dia, sob minha supervisão a distância. Juntas, tivemos momentos que me organizaram mental e espiritualmente de uma maneira que eu nunca teria imaginado. Eu me lembro de uma conversa em que ela garantiu que estava pronta para morrer e indicou como gostaria que fosse seu funeral. Diante de seu desejo de ser cremada, alguém perguntou onde ela gostaria que suas cinzas fossem espalhadas. Ela fez uma pausa e respondeu:

"A mim cabe apenas morrer. O que vem depois é problema de outros. Se quiserem cantar, que cantem. Se quiserem chorar, que chorem. Meu trabalho é morrer."

Até conhecê-la, eu nunca tinha entrado em contato com um raciocínio tão potente para sustentar uma decisão.

Passamos juntas por situações duríssimas, porém passíveis de controle no ambiente de cuidados paliativos. Antes de nos conhecermos, ela teve vários episódios de suboclusão intestinal – uma obstrução parcial do intestino que impede a eliminação de fezes e gases – e foi aprendendo a resolver as crises por conta própria, do jeito dela, de maneiras inenarráveis. Desaprendeu a pedir ajuda. É o que acontece com as pessoas que sofrem por muito tempo e enfrentam sozinhas o caos do tsunami. Quando ela me falou sobre as suboclusões, prescrevi medicamentos que deveriam estar à mão sempre que um episódio novo se anunciasse. E foi assim que ela nunca mais passou por esse tormento.

Ana Beatriz se reconheceu como pessoa capaz de participar ativamente do próprio cuidado. Dez meses depois, já empoderada pela própria determinação e pelos cuidados paliativos, ela me enviou um vídeo lindo em que comenta essa transformação. (Você pode acessar esse vídeo apontando a câmera do celular para o QR Code abaixo.)

Certa vez, numa conversa por vídeo, Ana Beatriz me levou até a área de serviço de sua casa, recém-organizada. "Agora eu sei tudo que eu tenho e onde está", comentou ela. Parei a vida nessa frase, que me ajudou a arrumar minha casa, minha vida, até o lugar de cada pessoa no meu cotidiano. Nunca mais me esqueci daquele ensinamento. Hoje eu sei onde minhas coisas estão. Sei as xícaras que tenho, o que há em cada gaveta, onde estão os livros na estante. Sei quais pessoas demandam demais e devolvem pouco, e vice-versa. Com essa frase aprendi a lidar até mesmo com a ausência dos meus filhos. Sei onde eles estão na vida deles e sei o lugar que ocupam dentro de mim. Sempre teremos uns aos outros.

Pare um instante na frase de Ana Beatriz, como eu parei. Se você está cuidando de alguém que está morrendo, se está vendo o tsunami se aproximar, examine suas lembranças. Quais são as memórias que você tem com essa pessoa? Se ela estiver lúcida, pegue fotos em que estão juntos, pergunte de que ela se recorda daqueles momentos. Deixe que ela ajude você a se encontrar dentro dela. Descubra onde você está na memória dela. Essa é uma informação linda e importante para quem fica.

Se no passado morria-se por fatores hoje tratáveis, no nosso século o que mata mais no mundo ainda são as doenças cardiovasculares, seguidas de perto pelo câncer – que tende a se tornar a maior causa de morte nas próximas décadas. Isso trouxe grandes mudanças no nosso horizonte.

No início dos anos 1900, o período de incapacidade – aquele intervalo entre adoecer e morrer, em que se precisava dos cuidados de terceiros – era pequeno. A pessoa caía doente e, sem muito o que se pudesse fazer, logo falecia. Nos anos 2000, esse tempo de fragilidade e dependência pode chegar a quatro anos, do diagnóstico à morte. É muito tempo de um tempo doloroso. Basta fazer uma enquete rápida com as pessoas ao nosso redor para descobrir que a maioria quer uma vida longa. No entanto, se tivermos essa vida longa que buscamos, o que nos aguarda no final dela, com enorme probabilidade, é um período de até quatro anos de perdas progressivas. Muitas pessoas dirão que preferem uma morte súbita, sem sofrimento entre o adoecer e o morrer – um AVC devastador, um infarto fulminante. Acreditam que assim darão menos trabalho a quem fica (ilusão: quando perdemos alguém de maneira inesperada o luto é muito mais intenso; falaremos sobre esse assunto mais à frente). Ao final, tudo isso é irrelevante, porque não nos cabe escolher como morrer. Morreremos como tiver que ser.

Do ponto de vista estatístico, sabemos que essa morte súbita é rara, e que nove entre dez pessoas terão uma jornada de adoecimento. Viverão com a família o que chamamos de luto antecipatório – o tempo entre o anúncio da morte e sua chegada. O anúncio da proximidade da morte acontece quando estamos gravemente enfermos ou quando alguém que amamos adoece seriamente. Nessa fase, podemos tentar fugir do pensamento da morte, mas ele está na nossa mente, rondando, insidioso, esperando uma brecha para se manifestar. A maioria das pessoas nega essa possibilidade até o último momento. Poucas desapegam da esperança do milagre.

Na cultura ocidental, a jornada do adoecimento é preenchida pela medicalização: esperamos que algum remédio possa ser administrado e resolva o problema. Vamos ao médico, nos submetemos a exames, investimos tempo e energia em buscar e iniciar tratamentos. Melhor se o tratamento curar a doença; mas, se não houver cura – caso do diabetes, por exemplo –, que ao menos haja medicamentos para manter a doença sob controle.

Mas há momentos em que só o que podemos fazer é buscar um tratamento de suporte avançado que promova o adiamento da morte, não o controle da doença nem a manutenção de uma vida de qualidade.

As etapas que vão do diagnóstico à morte nem sempre estão claras para todos. No primeiro momento após a notícia de uma doença grave, é possível que toda a família esteja na mesma página, esperançosa de que haja uma cura. Aos poucos, alguns já começam a se dar conta de que aquela condição talvez não seja superável. É o caso, por exemplo, de quem recebe o diagnóstico de câncer numa fase em que não há mais cura do ponto de vista técnico. Mesmo assim, há quem acredite no milagre.

Quando a cura não vem e a doença permanece ou piora na vigência do tratamento, chegará um momento em que tudo o que se quer é evitar que o doente morra. Mas as providências para isso esbarram nos limites da medicina e do próprio corpo. O sofrimento é inevitável. A morte é o desfecho inescapável e previsível. Assim, o que se discute, a partir de certo momento, é se o sofrimento pode ser tratado ou não.

As primeiras reflexões sobre a necessidade de recorrer à ciência para cuidar de pessoas em fase final de vida partiram de uma médica, enfermeira e assistente social inglesa, Cicely Saunders, em meados dos anos 1960. A doutora Saunders trabalhava numa unidade de cuidados de terminalidade (ainda não se falava em cuidados paliativos) para pacientes com câncer. Antes de se tornar médica, quando ainda acompanhava outros profissionais de saúde nas visitas aos pacientes terminais, ela começou a perceber que os doentes que recebiam morfina em horários definidos, geralmente de quatro em quatro horas, estavam em melhores condições do que aqueles que só tinham acesso ao medicamento quando o médico passava em visita. Numa dessas ocasiões, ela mencionou sua observação ao médico e sugeriu que ele prescrevesse morfina "de horário", como chamamos essa prática.

Sem sequer olhar para ela, esse profissional respondeu: "Quando você for médica poderá prescrever."

Então Cicely foi cursar medicina. Formou-se aos 33 anos e, assumindo um posto na ala dos terminais, passou a receitar morfina conforme sua percepção de bem-estar do doente.

Em contato com seus pacientes, a doutora Saunders formulou o conceito de Dor Total, que usamos até hoje e que abarca não apenas a dor física do paciente, mas também os componentes psíquicos, sociais, familiares e espirituais que afetam pessoas diante de uma doença que ameaça a continuidade da vida – ou diante da inevitabilidade da morte. Saunders esteve à frente da criação dos primeiros *hospices*, centros que ofereciam cuidados integrais a pacientes em final de vida, promovendo o controle dos sintomas e o alívio da dor e do sofrimento psicológico.

No Brasil temos poucas instituições assim, como a clínica Florence, com unidades em Salvador e no Recife. Em São Paulo, onde moro, um dos poucos centros remanescentes ameaçava fechar as portas em meados de 2024, enquanto eu escrevia este livro. Lamentavelmente, era considerado um local de manutenção cara e "desnecessário". Como consequência, é nos hospitais que vão parar os pacientes e seus familiares quando o tsunami da morte inevitável e do sofrimento se impõe em toda a sua magnitude. Existem hoje no país cerca de 400 serviços de cuidados paliativos, uma fração dos cerca de 5 mil que seriam necessários. E 40% dos profissionais que chefiam esses serviços não têm a formação adequada.

Quando se chega ao ponto da jornada de adoecimento em que a morte é inevitável, a importância dos cuidados paliativos salta aos olhos. Certa vez, com certa ironia, uma pessoa me perguntou se eu me dedicava à saúde na morte. Bem, a definição clássica de saúde é bem-estar psicossocial, não é ausência de doença. Sabemos que é possível oferecer cuidados que favoreçam o bem-estar físico, psíquico, social, familiar e espiritual dentro do espectro de assistência *à saúde* que define os cuidados paliativos.

Recapitulando as etapas que vimos até aqui: havia uma doença. Um diagnóstico. Houve medo e tratamento. O tratamento terminou e a cura não veio. Todas as perspectivas de controle da doença se estilhaçaram e houve progressão. Os desejos e as promessas da fase inicial – *"Vou mudar de vida"*, *"Vou me alimentar melhor"*, *"Vou parar de fumar"* e tantos outros – agora parecem distantes. Não há mais espaço de vida, apenas sofrimento. Não cabe mais esperança porque a dor física é avassaladora. Os tratamentos supostamente inovadores não estão disponíveis e/ou são muito caros. O paciente e seus familiares estão exaustos de tantos médicos, tantas tentativas, tanta frustração. O sentimento geral é de que nada mais adianta, porque nada adiantou. O pensamento positivo naufragou, e a ignorância de quem até há pouco brincava com as conchas na areia do mar recuado cobra seu preço.

A dor física pode ser tratada com morfina, mas e as demais dimensões? Na dimensão emocional ou psíquica, advêm o cansaço, o mal-estar, a indisposição e a fraqueza que acompanham a percepção de se estar gravemente doente. Como ninguém adoece sozinho, os familiares experimentam um sofrimento que pode ser tão intenso quanto o do doente. Na dimensão social, vemos desmoronar as ilusões da boa saúde e, com ela, nosso emprego, nossos amigos, nossa condição financeira, até mesmo os recursos que reservamos para os futuros (futuros?) cuidados com a saúde. Na dimensão espiritual, a consciência de nossa finitude resulta em um sofrimento intangível e imensurável: é a alma que dói. O sofrimento espiritual pode ser agravado quando se passou meses ouvindo coisas como *Tenha fé*, um apelo quase sempre bem-intencionado, mas cruel para quem sofre, pois nasce do milagre que não chegou. Existe uma diferença muito grande entre esperar um milagre no comecinho da doença, tendo fé no tratamento, e alimentar pensamentos mágicos quando já sabemos que as possibilidades se esgotaram. Nesse contexto, *Tenha fé* é uma das piores coisas que se pode dizer a uma pessoa que está enfrentando seu caos.

Ter fé em um milagre que não chegou é como fazer uma grande festa para um convidado que não aparece. São cinco da manhã, a comida da festa azedou, a bebida esquentou, a música parou de tocar e a pessoa está ali, ainda esperando o milagre.

O amor é a maior coragem possível.

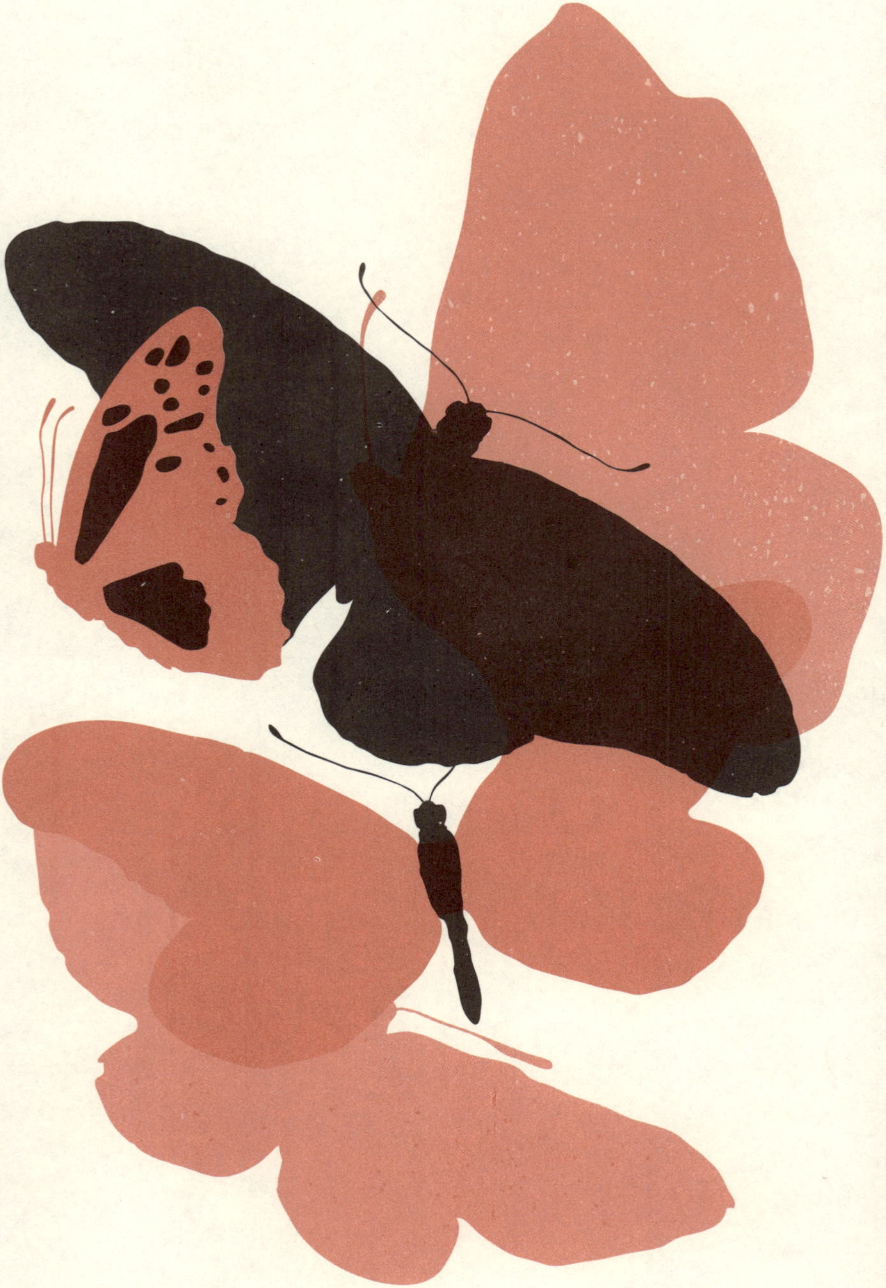

CAPÍTULO 2

A única boa notícia que poderemos dar

Quando uma pessoa está hospitalizada em meio a essa imensidão de sofrimento, o que nós, médicos, mais ouvimos é: "Quero voltar para casa." Só que isso muitas vezes é impossível, porque em casa a pessoa não terá acesso a todos os recursos de que precisará para estar confortável no caos que se segue ao tsunami. Os momentos finais da nossa jornada são preenchidos com necessidades tão intensas que dificilmente serão supridas fora do espaço dos cuidados paliativos, e talvez apenas em ambientes equipados.

Enquanto isso, no palco, o primeiro grande drama (a conversa honesta entre médicos, familiares e paciente sobre o fracasso do tratamento), ainda disputa espaço com o segundo grande drama (a conversa franca do paciente com a família e os amigos). Nos bastidores, o terceiro grande drama prepara sua entrada: o enredo de sentimentos e emoções diante do que vai acontecer. Muitas vezes, os profissionais de saúde travam batalhas internas contra a própria angústia que sentem pelas más notícias que terão que dar ou pelo paciente de quem aprenderam a gostar.

Médicos, enfermeiros e outros agentes da área raramente recebem formação para dar notícias difíceis – justamente o que mais farão em sua carreira.

Quando eu estava no primeiro ano de residência de Clínica Médica no Hospital das Clínicas da Faculdade de Medicina da USP, atendi uma menina de 15 anos que apresentava sintomas febris e gânglios inchados, provavelmente incubando uma doença viral. Como esses sintomas persistiam, a mãe a levou ao ambulatório, considerando que o quadro não era tão grave que justificasse uma ida ao pronto-socorro. Fui discutir o caso com o professor assistente e ouvi dele: "Ana Claudia, sintomas virais assim pedem um diagnóstico diferencial. Peça exames de mononucleose, citomegalovírus e HIV."

HIV? Arregalei os olhos, em pânico. Era 1994, a aids ainda matando muito, sem tratamentos eficazes e com a doença (assim pensávamos) confinada à comunidade gay masculina. Naquela época, raramente alguém vivia além de três meses depois do diagnóstico. A menina tinha 15 anos, cara de anjo, um namorado de 19 com quem pensava em se casar. Não fazia sentido, mas protocolo era protocolo e pedi os exames.

Quando saíram os resultados, constatei: era aids. A jovem tinha retorno marcado para aquele mesmo dia. Meu coração bateu descompassado. Procurei o professor e mostrei o teste positivo.

"Aí, doutora, já está fazendo bons diagnósticos. Parabéns, excelente abordagem!"

Eu não queria elogios. Queria saber como daria a notícia à menina e a sua mãe. Me atrevi a perguntar. A resposta foi uma sonora gargalhada que eu nunca mais esqueci. Meu orientador chamou outros professores e alguns residentes, que logo nos rodearam, e disse:

"Pessoal, venham testemunhar o momento em que a doutora vai saber o que é a medicina!" Mais risadas. "Você vai entrar no consultório e dar a notícia. Aliás, como ela é menor de idade, tem que contar com a mãe ou algum responsável presente."

Eu não me dei por vencida. Mesmo me sentindo apavorada.

"Mas como que a gente fala isso para uma pessoa? Ela tem 15 anos e vai morrer!"

"Vai lá, doutora, agora você vai ver o que é ser médica." E saiu, sorridente.

Esse professor não teve a dignidade de me explicar como se dá uma notícia dessas. Hoje, em retrospecto, penso que ele pareceu se divertir porque um dia deve ter sofrido tanto quanto eu. A ironia é uma ferramenta que se usa quando não se sabe lidar com uma situação que pede maturidade.

Vou escrever o óbvio: má notícia é sempre uma má notícia. E má notícia é qualquer novidade que mude sua perspectiva de futuro para pior.

Eu ainda me lembro de cada passo que dei até aquele consultório, até o momento terrível em que dei o diagnóstico de morte para uma menina de 15 anos e sua mãe amorosa. As duas estavam sentadas, me esperando. Eu me acomodei na cadeira de médica e precisei dar algumas boas notícias para tomar fôlego para o que viria. Anunciei que os testes de mononucleose e de citomegalovírus tinham vindo negativos. Os de hepatite também. Foi a mãe que perguntou:

"E o HIV?"

Meus olhos se encheram de lágrimas. "Esse veio positivo."

Eu tremia. E, no entanto, à minha frente, recebi a melhor lição que já tive sobre cuidado. A mãe abraçou a menina e disse:

"Nós vamos cuidar disso, filha."

A única boa notícia que podemos dar em um contexto de sofrimento é que saberemos cuidar da pessoa doente. E foi assim que a mãe daquela menina me ensinou a dar boas notícias. Daquele dia em diante, todas as vezes que precisei dar más notícias, e foram muitas, concluí minha fala dizendo aos pacientes e a seus familiares que cuidaríamos do que viesse pela frente.

Muitas vezes, o caos não começa quando o paciente sabe do diagnóstico; começa na hora em que o *médico* sabe do diagnóstico, e a profissional que fui na época da residência, como acabei de contar, é a prova disso. Porque, a depender de como esse médico encara a notícia, já será muito difícil para ele. "Não tem nada que se possa fazer" é uma mina no caminho de qualquer profissional que tenha decidido dedicar sua vida a curar pessoas. Desencadeia uma espiral de sentimentos difíceis e sublinha que não estamos no controle. E esse é justamente o ponto. Nem sempre poderemos curar. E, nessas situações, aprender a aliviar sintomas de qualquer natureza – físicos ou emocionais – é dever de todo profissional de saúde.

O paciente chega preparado pela própria doença, pelo sofrimento que ela causou em sua vida e em sua história. O adoecimento faz parte da vida, mas *não é a história de vida* de uma pessoa. O profissional de saúde que se sentar diante dela, se não tiver tido a oportunidade de pensar seriamente na importância de sua posição e de sua missão, pode causar ainda mais sofrimento a quem já sofre tanto. Mas não é apenas o profissional de saúde que assume esse papel. O cuidador pode ser você. Pode ser qualquer pessoa.

Há pouco tempo, atendi uma mãe que buscava orientação para o cuidado do filho em condição de finitude. Era um adolescente com um câncer que já não tinha mais tratamento. Em sua cidade, a família era atendida por uma oncologista pediátrica, que dissera à mãe que o jovem morreria com muita falta de ar, em grande sofrimento, e, quando ele não suportasse mais, deveriam procurar o hospital, onde seria sedado.

É bem possível que você conheça alguém que tenha recebido uma notícia dessa forma, avisando do caos que se instalou. O tsunami se abateu sobre a família, e havia um barco quebrado no meio da sala. A família ficou entregue à própria sorte, culpando-se por não ter procurado ajuda antes, arrasada porque parecia não haver mais nada a fazer para que a pessoa tivesse uma morte em paz. À dor da família desesperada juntava-se o caos da equipe que não sabia como agir nem fazia questão de se mostrar presente e oferecer algum apoio. Já convivi com equipes que marcavam consulta para três meses depois, mesmo sabendo que provavelmente o paciente já teria morrido quando chegasse o dia da consulta. Isso pode ser fruto da ignorância, mas também pode conter uma ponta de crueldade.

Quero
voltar
para casa.

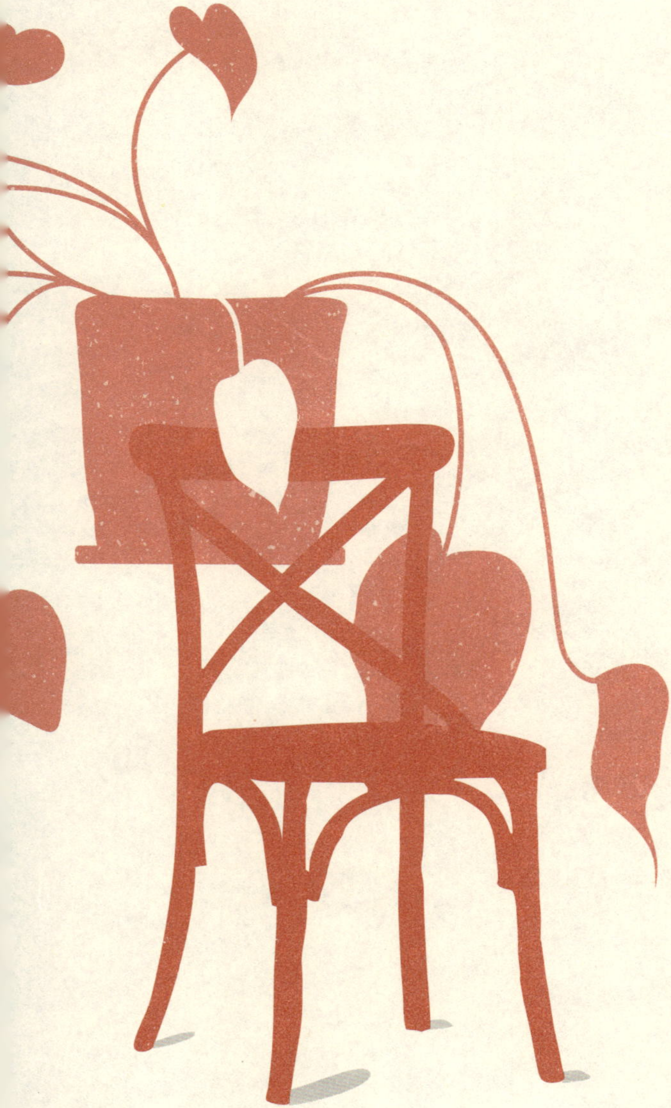

CAPÍTULO 3

A zona cinza da terminalidade

Até que a morte chegue, quem vai cuidar do paciente? Hoje, no Brasil, apenas 0,3% das pessoas que precisam de cuidados paliativos têm acesso a eles, segundo a *The Economist* em 2015 (sintomaticamente, é difícil encontrar dados mais recentes). É quase certo, então, que uma pessoa com uma doença que ameace a continuidade da vida seja tratada de maneira míope, com um olhar que ignora a preocupação com a qualidade do tempo que lhe resta. Não há retorno a uma vida sem doença, mas profissionais de saúde desinformados não sabem cuidar das necessidades do paciente. Familiares e cuidadores sem preparo e sem amparo tampouco serão capazes de proporcionar o que é preciso. Mesmo que houvesse um grande milagre e de repente tivéssemos centenas de milhares de profissionais de saúde altamente qualificados para oferecer cuidados paliativos, ainda assim familiares e cuidadores teriam uma responsabilidade enorme – nem que fosse apenas para levar o paciente até a fonte desse cuidado.

Durante muito tempo, propagou-se o mito de que cuidados paliativos eram exclusivos para pessoas em "estado terminal". De alguma maneira, até hoje temos que explicar esse conceito, tirando-o da zona cinza do "nada mais pode ser feito" e levando-o ao território do bem-estar até o último tempo de vida.

Terminalidade é uma condição clínica que diz respeito a uma doença que segue seu curso natural, sem responder a quaisquer procedimentos ou terapias que a medicina possa oferecer. Em outras palavras, é quando o paciente está gestando a realidade da morte.

No entanto, terminalidade não é tempo.

A capacidade de identificação do tempo da terminalidade pede um conhecimento consistente sobre a doença do paciente e a evolução natural individual. Há pacientes que podem permanecer em terminalidade por um bom tempo, como Ana Beatriz, que viveu sua terminalidade por quase um ano e meio. Nesse meio-tempo, realizou sonhos, conheceu pessoas novas, realizou muitos últimos desejos. Quando comecei a cuidar dela, tinha um câncer avançado que já não respondia a nenhum tipo de intervenção. Tampouco ela queria; estava decidida a viver seu tempo de finitude sem o desgaste (no caso dela, comprovadamente desnecessário) de tratamentos dolorosos e vãos. Os cuidados paliativos, neste caso exclusivos, deram a ela o conforto que buscava.

Uma das perguntas que mais ouço é: Como saber se uma pessoa precisa de cuidados paliativos? Costumo responder com outra pergunta: Você se surpreenderia se esse paciente viesse a falecer ao longo do próximo ano?

Se a resposta for "não, eu não me surpreenderia", estamos diante de um paciente que se beneficiará desses cuidados porque provavelmente está no sofrimento do fim da vida. Se você estiver cuidando desse paciente, ou se for você a pessoa que precisa de cuidados, quero que saiba que há muito a ser feito.

Há situações em que a terminalidade é breve. A pessoa está bem, mas de repente acontece alguma coisa – uma queda, um acidente cardiovascular ou uma doença viral, como a covid-19 – e ela falece em poucos dias. Na medicina, trabalhamos com escalas confiáveis que permitem aferir o tempo de terminalidade, mas não informam como será esse tempo. Mais fácil ou mais difícil? De angústia ou de pacificação?

Se sabemos que aquele paciente poderá viver algumas **semanas**, e se queremos que essas semanas sejam de serenidade, conforto e bons encontros, precisaremos formular algumas perguntas. A principal delas, na minha opinião, é: O que aquela pessoa poderá dizer quando houver muito a ser dito e pouco tempo para fazê-lo?

Quando o tempo disponível é escasso, muitos doentes levam seu olhar ao que não puderam concretizar, gerando dor e arrependimento. A enfermeira australiana Bronnie Ware, especializada em cuidados paliativos, passou muitos anos colhendo as reflexões de pessoas em suas últimas semanas de vida e reuniu-as num livro belíssimo, chamado *Antes de partir: Os 5 principais arrependimentos que as pessoas têm antes de morrer*. Segundo ela, são estes:

1. Eu gostaria de ter feito escolhas de acordo com o que eu queria e não de acordo com o que os outros queriam;
2. Eu queria ter demonstrado mais afeto;
3. Eu queria ter passado mais tempo com os meus amigos;

4. Eu não queria ter trabalhado tanto;
5. E eu gostaria de ter me feito mais feliz.

Muito do que não foi dito ao longo de toda uma vida acaba sendo reservado para o final dela. Daí a importância da minha pergunta essencial: O que você vai dizer quando houver muito a ser dito e pouco tempo para isso? Os cinco arrependimentos de Bronnie Ware podem ser um guia para o paciente avaliar sua jornada e, de maneira gentil e compassiva, perguntar a si mesmo o que pode ser feito para lhe trazer paz na reta final da vida.

Como será se você quiser falar, mas ninguém quiser ou puder ouvir? Como será se você perceber que sua família não dá conta de lidar com a sua terminalidade?

Qual será a sua voz quando você não puder falar?

Essa pergunta diz respeito à escolha de representantes da sua voz. Entre as pessoas que o cercam, quem sabe como você pensa, como você sente, como percebe a vida? É importante considerar o luto antecipatório *do paciente*. À primeira vista, pode soar paradoxal: "Ana, mas o luto é de quem fica, não é?" É, também. Tem pessoas que dizem que o pior luto é o de uma mãe que perde o filho. Tem pessoas que dizem que é o luto da morte violenta. Na verdade, o pior luto é o da pessoa que morre consciente de que está morrendo, porque essa pessoa está se despedindo da vida. Quando meu pai morreu, eu me despedi do meu pai, mas ele se despediu de três filhas, da esposa, da feijoada de domingo, dos amigos, do cachorro. Ele se despediu da vida dele. Por isso afirmo que o luto do paciente consciente de sua finitude é o mais intenso.

Não por acaso, é nesse momento que aparecem os debates sobre as decisões que precisarão ser tomadas quanto aos tratamentos e às intervenções. Quando tem lucidez para isso, o paciente em tempos de finitude deve expressar o que quer para si. Se tiver uma parada cardíaca, deseja ser reanimado? Se precisar de uma traqueostomia – uma abertura na traqueia onde inserimos uma cânula que leva o ar ao pulmão –, permite que seja realizada? Ele tem o direito de dizer o que não quer que seja feito, por considerar que desrespeita a sua dignidade. Para isso, precisará de informação, e é dever do médico antecipar situações como essas e esclarecer riscos e benefícios, se houver. É muito importante validar essas decisões, mesmo que nunca tenham sido discutidas previamente. E é fundamental oficializá-las por meio das diretivas antecipadas de vontade, um documento que qualquer pessoa pode fazer, a qualquer momento, indicando o que escolhe receber e o que rejeita em relação aos cuidados de fim de vida.

Importante reforçar que esse documento só vale para situações de terminalidade, em que o paciente enfrenta uma doença que ameaça a continuidade da vida, não responde mais a qualquer tratamento e a doença o levará inexoravelmente à morte. Uma pessoa que sofre um acidente, tem um infarto ou sofre um AVC não pode deixar diretivas antecipadas de não querer ser reanimada e intubada. Nessas situações, ela irá para um hospital e será submetida a todas as manobras existentes de recuperação da vida. Familiares e profissionais de saúde só vão recorrer às diretivas quando o paciente não tiver mais consciência, lucidez ou capacidade de se expressar para dizer sim ou não diante de uma proposta de intervenção.

Esse documento pode ser escrito de próprio punho. Eu tenho as minhas diretivas de vontade, definindo o que aceito e o que não aceito de cuidados com o meu corpo quando eu estiver morrendo sem consciência de que isso está acontecendo. E sempre podemos reescrevê-las respeitando os caminhos que nossa vida toma. Em 2012, quando redigi esse documento pela primeira vez, ele dizia mais ou menos assim:

Eu, Ana Claudia Lima Quintana Arantes, CPF, RG, endereço, venho por meio desta dizer que, diante da terminalidade da minha vida, recuso procedimentos considerados fúteis ou pouco eficientes para devolver a minha dignidade.

Quero dizer com isso que, naquele momento, eu rejeitava procedimentos de complexidade muito grande ou muito agressivos que me fariam sofrer por mais tempo.

Quando minha filha foi morar fora do Brasil, em 2015, refiz minhas diretivas. Se em algum momento, padecendo de uma doença grave, eu chegar a uma etapa irreversível do que me acomete, desejo do fundo do meu coração que ela tenha tempo de voltar para estar ao meu lado. Quero me despedir. Nessa situação, aceito ir para uma unidade de terapia intensiva com acesso a tudo que houver para me manter viva até ela chegar. Será um procedimento fútil para me curar, uma vez que nada mais me curará, mas extremamente útil para manter minha dignidade. Dignidade, para mim, é poder ouvir a voz da minha filha antes de morrer. Se não houver como deter o curso da morte, minhas diretivas determinam que ela seja contatada e possa me enviar um áudio pelo celular. Quero ouvir sua voz uma última vez antes de partir. Quero que prolonguem minha vida até que isso aconteça.

É uma orientação coerente com a minha história na medida em que reconhece a necessidade da despedida. E, ao permitir que digamos adeus uma à outra, é uma providência que amorosamente acolhe e cuida de quem fica.

Morrer, meus amigos, é algo que dá trabalho. Se a morte vier depois de um longo adoecimento, daremos trabalho a quem zelou pelo nosso corpo, às vezes por anos a fio. Se a morte vier de repente, inexistirá o trabalho do cuidado físico e emocional, mas haverá o tormento de um luto que não teve despedidas. No luto antecipatório, temos o trabalho compartilhado entre dois corações e duas mentes – a de quem parte e a de quem cuida. Na morte súbita ou violenta, o trabalho de luto é dobrado: recai apenas sobre as costas de quem fica.

Uma última palavra sobre as diretivas antecipadas de vontade: elas são reconhecidas pelo Conselho Federal de Medicina desde 2012 e é possível encontrar vários modelos na internet.

A rigor, defendo que as conversas sobre terminalidade e diretivas sejam tema de almoço de domingo, como já escrevi algumas vezes, de preferência quando ninguém estiver doente ou quando a doença de alguém especificamente não estiver ativa. O ideal é que essas conversas sejam abertas, em um ambiente seguro e afetuoso, e que todos participem. Podem começar com perguntas como: "O que é importante para você?" Ou: "Para você, o que significa estar doente?"; "O que te traz mais sofrimento na experiência de adoecer?";

"O que seria o limite para você em termos de tratamentos drásticos ou invasivos?"

Quando o tempo de vida puder ser medido em **dias**, aqueles pacientes que se prepararam para ir embora permanecem serenos, mas com grande expectativa frente ao evento final. A metáfora mais precisa que encontrei para essa situação é voltar de férias na praia. Passamos um mês inteiro na casa alugada, foi ótimo, mas acabou, e às vésperas do retorno começa a função: arrumar a casa, limpar os brinquedos cheios de areia, desocupar a geladeira, todo mundo naquele clima meio entristecido. Para piorar, o dia de ir embora amanhece lindo e ensolarado. Mesmo assim, nos conformamos, empacotamos tudo e acomodamos a bagagem no porta-malas do carro. Viajando pela estrada à beira-mar, sempre vemos alguém chegando, armando a barraca com o isopor recheado de bebidas geladas; uma mulher estendendo a canga para tomar sol, uma criança construindo um castelo de areia, um grupo jogando bola. "Puxa, eu queria tanto ficar mais um pouquinho", pensamos. Mas tenho certeza de que se o motorista do carro – nosso pai, marido, mãe, esposa, talvez nós mesmos – parasse e anunciasse: "Ah! Vamos ficar aqui mais um mês!", todo mundo diria: "Não! Estou com saudade de casa, quero ver meus amigos/quero voltar para a escola/quero as minhas coisas/quero voltar para casa."

Essa é a sensação das pessoas que se prepararam para o fim. Para elas, ainda que gostem muito da vida, entendem que chegou a hora de ir embora.

Quem não se preparou pode vivenciar o mesmo desejo de voltar para casa, mas não porque a vida está boa, e sim porque está destroçada. As "férias" representariam uma pausa na doença, mas quando ela chega à casa de praia só encontra dor e sofrimento. A expressão "voltar para casa" é muito comum entre meus pacientes, mesmo quando *estão* em casa, indicando certa confusão mental. Interpreto-a como um apelo espiritual, uma ânsia por voltar à fonte, talvez um retorno à casa da infância.

Jamais me esqueci de um paciente que começou a explicar como seria essa casa à qual gostaria tanto de voltar. Ele descreveu a fachada amarela, as demais residências da rua, as árvores na calçada, o relógio cuco na parede da sala de jantar. Ao lado dele, o irmão ouvia enternecido. "Mas essa é a casa da nossa infância!", me disse.

Se você está cuidando de alguém que está em casa, mas quer voltar para casa, não ajuda dizer que ele *já está lá*. Nessas situações, costumo explicar que, por enquanto, estamos cuidando da casa para que ele possa voltar. Digo àquele paciente que ele está precisando de muitos cuidados, e a casa que menciona ainda não está pronta para recebê-lo com o conforto que ele merece. "Você vai voltar, mas não agora", prometo. No fundo, esta é uma verdade que acomoda todas as verdades: aquela pessoa de fato voltará à sua fonte, aos braços do Deus em que acredita.

Se o tempo restante de vida é medido em **horas**, as necessidades do paciente e a habilidade da família de lidar com elas podem mudar com muita frequência e rapidez, e a equipe tem que permanecer atenta ao que está ocorrendo – não só com o paciente, mas com familiares e cuidadores, que caminham em terreno instável e muitas vezes inexplorado. Há profissionais de saúde que se queixam: "Ah, eu já comuniquei aos familiares que o paciente está morrendo, já expliquei como será, mas eles não entendem, estão muito aflitos. Acho que se recusam a enxergar a realidade."

Bem, há um quê de verdade nessa frase: a única coisa que a família de uma pessoa que está morrendo entende é que é muito difícil *sentir* o que eles estão entendendo. Uma coisa é o que se passa na nossa cabeça; racionalmente, conhecemos as etapas, que podem nos ter sido explicadas pelos médicos. Outra coisa é o que se passa no nosso coração. Quantas vezes recebi mensagem de familiares perguntando: "Doutora, tem certeza de que minha mãe mudou de fase?" Se o paciente tem, por exemplo, a doença de Alzheimer, costumo ouvir: "Doutora, tem certeza de que não tem nada mais a fazer nesse momento? Olha, eu ouvi dizer que tem um remédio milagroso que saiu nos Estados Unidos, ou terá sido na China, será que não é adequado para o meu pai/para minha mãe?" Perdi a conta do número de consultas que fiz explicando que em certas situações não há mais benefícios em qualquer tratamento. Já mandei artigos, conversei com todos da família, fiz conferência familiar.

Mas eu não tenho o direito de perder a paciência; penso que nenhum profissional de saúde tem esse direito quando está diante de uma família em sofrimento. Ao ouvir pela milésima vez "Tem certeza?", precisamos explicar de novo, de uma maneira atenciosa e compassiva, reconhecendo como aquela circunstância é difícil para todos.

A condição de terminalidade não precisa ser vivida isoladamente. As conferências familiares, realizadas entre médicos, pacientes e pessoas próximas dele, são campos férteis para o debate. Mas é preciso participar delas de peito aberto. O médico que chega a uma reunião dessas com a cabeça feita entrará numa grande fria orquestrada pelas dissonâncias entre nossos três grandes filtros para tomada de decisões: as evidências, as nossas crenças e as nossas expectativas. Naturalmente, quando a conferência é convocada para discutir uma demanda, já temos um caminho para a solução, mas, por tudo que já vivi, estou convencida de que a melhor decisão é aquela que leva em conta a recomendação médica, a posição da família e a vontade do paciente. Claro que há situações em que devem prevalecer a opinião e a ação do médico, mas mesmo nesses casos quem passará pelo procedimento é o paciente, e quem vai arcar com as consequências do sofrimento causado por esse procedimento serão o próprio paciente e a família. Todos precisam ser ouvidos.

Pois chegará o momento em que o corpo adoecido começará a se entregar ao inevitável.

Qual será a sua voz quando você não puder falar?

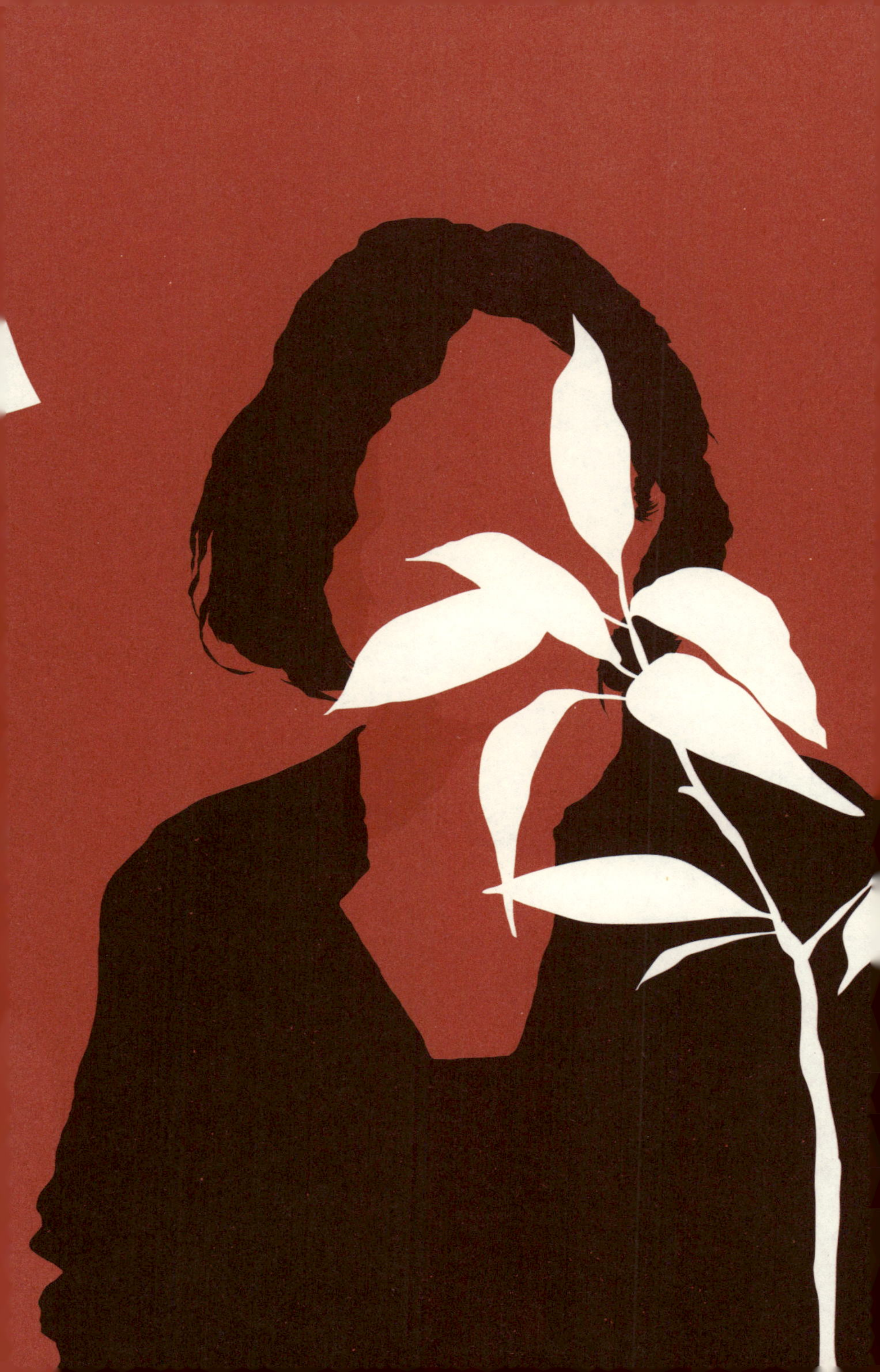

CAPÍTULO 4

Quando o corpo se transforma

Um corpo que começa a se despedir da vida passa por transformações que podem maltratar o doente. Pode haver um sofrimento insuportável na forma de dor ou falta de ar; um emagrecimento aflitivo; a fuga de qualquer sorriso. Pouca gente sabe disso, mas a boca é uma das regiões mais malcuidadas no corpo de uma pessoa que está enfrentando seus dias finais (e deveríamos cuidar muito bem dela, porque é da boca que saem a voz, o beijo, o sorriso).

Quem cuida, naturalmente, também é afetado por todas essas mudanças.

Um dos aprendizados mais importantes para quem cuidará até o fim é a compreensão da amplitude desse cuidado. Não se trata somente de dar banho ou trocar fralda: é preciso pensar nos muitos aspectos do bem-estar da pessoa que vive seus últimos dias. Se para um homem é importante barbear-se diariamente, o cuidador zeloso deve oferecer condições para que assim seja feito. Se para uma mulher é importante pintar as unhas e arrumar o cabelo, idem. Não é porque a pessoa está morrendo que deixa de ser quem é e de valorizar pequenos luxos e vaidades que sempre tiveram importância para ela. A experiência de cada um deve vir em primeiro lugar.

O corpo doente pertence a uma pessoa que pode ter feito o bem ou o mal, ou, como qualquer ser humano, as duas coisas em momentos diferentes da vida. Para oferecer a ela o melhor, o cuidador precisará enfrentar os próprios ressentimentos. Talvez tenhamos que cuidar de pessoas que não consideramos exemplos de bom comportamento. Um paciente com câncer, por exemplo, talvez tenha uma história de alcoolismo e violência doméstica, o que não invalida seu direito de ser bem acompanhado em seus dias finais. Quem se dispõe a cuidar precisa a todo custo evitar as armadilhas do "bem feito, teve o que merecia". Não é nosso papel condenar o outro pelas escolhas que fez ao longo da vida. Até porque, na verdade, nem sempre conheceremos a história completa.

No Hospice cuidei de um pedreiro que tinha um tumor no pescoço. Um dia ele percebeu um caroço e procurou o posto de saúde, onde lhe disseram que não era nada: um pelo encravado, talvez um furúnculo. Como o caroço só crescia, apesar do tratamento prescrito no posto, o homem pagou uma consulta particular, e foi então que a hipótese do câncer finalmente veio à tona. Submeteu-se a uma biópsia e recebeu o diagnóstico.

Quando eu o conheci ele já estava em cuidados paliativos exclusivos. Antes, porém, passou por humilhações indescritíveis por parte de profissionais de saúde que o condenaram com a percepção de que, se ele tinha aquele tumor, era porque bebia e fumava (o câncer de cabeça e pescoço de fato é mais comum em fumantes, mas pode acometer pessoas que nunca beberam nem fumaram).

Esse paciente ficou no Hospice por cerca de quatro meses. O tumor exalava um mau cheiro terrível, o que afastava as visitas – até mesmo os filhos adolescentes. Quando o problema do odor foi resolvido, porém, os filhos passaram a visitá-lo todos os dias após a escola, percorrendo cerca de 20 quilômetros para estar com o pai e liberar a mãe, empregada doméstica, para ganhar o sustento da família. Foi bonito observar o esforço dos dois jovens para estar com o pai em seus dias finais.

Quem cuida ouvirá pedidos possíveis e pedidos impossíveis. Os impossíveis só podem ser atendidos se o cuidador tiver habilitação técnica para tanto, mas mesmo os possíveis podem trazer algum risco. Eu me lembro de um senhor de quem cuidei no Hospice, um grande estudioso dos mistérios da vida. Ele tinha câncer de pulmão e metástase no cérebro, condições muito graves, mas a filha insistia que o levássemos para pôr os pés na terra. Informei sobre os riscos: como a oxigenação dele era muito baixa, poderia sucumbir no transporte até o jardim. Mas quando o velho senhor pôs os pés na grama recém-aparada, a oximetria dele saltou de 60% para mais de 90%. Fiquei tão impressionada que cheguei a pedir que deixassem um grande vaso com terra no corredor entre os quartos dos pacientes com baixa oxigenação. Aquele paciente ainda viveu alguns dias, muito melhor depois dessa experiência.

Se o pedido for impossível, precisamos pensar no que é possível dentro desse impossível. Tive certa vez uma paciente jovem que, em seus últimos dias de vida, acamada e muito debilitada, declarou que queria fazer um passeio de balão. Quebrei a cabeça até encontrar a solução: um dia, ao passar visita, levei óculos de realidade virtual. A jovem mulher, que morreria dali a poucos dias, não apenas fez o passeio de balão, mas também uma viagem espacial e um mergulho em águas transparentes. Era o possível.

Lembro-me de outra paciente que, em seus minutos finais, tinha muita falta de ar. Na tentativa de distraí-la, perguntei a ela qual foi o passeio mais bonito que tinha feito. Por coincidência, havia sido uma escalada de montanha. Tive então a ideia de propor uma meditação guiada. "Feche os olhos e perceba que você está subindo a montanha agora", falei. "O ar está ficando rarefeito por causa da altitude, mas a vista é deslumbrante." Aos poucos, o rosto daquela senhora foi relaxando, um meio-sorriso surgiu e, embora a falta de ar persistisse, "a vista era linda". Ela morreu poucos minutos depois, certa de que estava numa montanha nevada e que a culpa pelo mal-estar era o ar rarefeito.

Meu coração até hoje se aquece ao me lembrar de outra história envolvendo impossíveis – uma paciente-amiga tomada por tontura e enjoos que nem os remédios mais potentes conseguiam dissipar. Sentei-me na cama com ela, acomodei sua cabeça no meu colo e expliquei: "Você se sente assim porque está num barco. O mar está agitado hoje. Aproveite o balanço para dormir!" Pus uma música para tocar no celular e ela adormeceu calmamente.

Todas as técnicas que aprendemos para cuidar de outro ser humano em final de vida são instrumentos, não objetivos. O objetivo é outro: proporcionar ao paciente a experiência de ser bem cuidado.

Quando o paciente é idoso, entretanto, temos uma situação de maior complexidade – ainda que o simples fato de ser idoso não seja indicativo de cuidados paliativos. Todos conhecemos idosos perfeitamente funcionais, que tocam a vida dentro de parâmetros normais para sua idade. No entanto, no advento de uma doença grave ou que ameace a continuidade da vida, sabemos que a fragilidade é maior.

Nem precisa ser algo tão grave, na verdade: certa vez acompanhei uma pessoa conhecida que se submeteu a um procedimento relativamente simples para uma doença recém-descoberta. No dia seguinte a pessoa teve uma complicação e precisou de sedação e UTI, mas ela se recuperou e foi para o quarto. Quando parecia tudo bem, no entanto, surgiu uma complicação renal por causa do contraste utilizado num exame e ela precisou de hemodiálise, sob risco de óbito.

Numa situação assim, aplicam-se cuidados paliativos? Penso que sim, mas não pela idade, e sim pelo grau de sofrimento que tudo isso traria para o paciente.

A velhice é um tempo de grandes perdas funcionais para o nosso corpo. Quando envelhecemos, todos os processos de restauração da saúde ficam mais lentos, da cicatrização de um corte à consolidação de um osso fraturado ou à recuperação de uma cirurgia. Isso quando é possível restaurar, o que nem sempre ocorre. Na juventude, por exemplo, temos 100% de função renal. Após os 50 anos, perdemos 10% dessa função a cada década, mas isso pode se agravar quando se tem outra doença que também atinja a saúde dos rins, como hipertensão arterial. Abaixo de 20% de funcionamento, já é necessário fazer diálise. Uma pessoa muito idosa e, digamos, também hipertensa, pode ter seu quadro agravado por algo simples como o uso de contraste em um exame, como ocorreu com a paciente que mencionei acima.

Quando um idoso sofre uma queda e quebra um osso, ele tem muita dificuldade para voltar ao desempenho que tinha antes do evento. Eu já percebo isso na minha idade, na faixa dos 50 anos.

O corpo idoso e frágil exige mais paciência a cada problema de saúde. Nossa maneira de lidar com o tempo dificulta muito a experiência de envelhecer pacificamente. Os ritmos se alteram e nem sempre estamos preparados para a lentidão que sobrevém.

Refleti muito sobre isso durante uma viagem recente ao Japão. Lá fui apresentada às ilustrações em papiros e, fascinada, procurei aprender mais sobre isso. A cola que dá a liga ao papiro leva cinco anos para adquirir a consistência adequada. Nesse espaço de tempo, precisa ser manipulada periodicamente e passar todos os invernos enterrada. Os japoneses esperam pacientemente que esse composto chegue ao ponto ideal. Uma luminária de bambu demora dois anos para ficar pronta – entre escolher o bambu, esperá-lo secar totalmente, montar o móvel e ter a luminária funcionando. É outra relação com o tempo, que contrasta com a nossa visão ocidentalizada: se queremos uma luminária de bambu, vamos a um site qualquer, compramos e dois dias depois estará na nossa casa. Temos pressa em satisfazer nosso desejo, mas quando nos tornamos idosos ou cuidamos de um idoso, precisamos cultivar a virtude da espera.

No entanto, curiosamente, existem situações em que a velhice nos favorece. Pense em quantas pessoas bem idosas que você conhece morreram de infarto. Agora procure lembrar quantas pessoas jovens morreram dessa mesma condição. Quando se é idoso e se convive com alguma doença crônica, é muito comum que o próprio corpo tenha "providenciado" pontes naturais para acolher o fluxo de sangue em caso de entupimento de alguma veia ou artéria. Na pessoa jovem, ainda não houve tempo para que isso acontecesse. Ocorre um entupimento – e a morte.

    O tempo ajuda o corpo a restabelecer um novo equilíbrio diferente do normal, um equilíbrio dentro do caos – quando a condição do paciente se estabiliza e ele não morre, por exemplo. A física nos assegura que o caos se organiza naturalmente, e que quanto mais tentamos organizá-lo, mais caótico ele fica. Às vezes, em Cuidados Paliativos, o paciente que recebe menos intervenções é o que fica bem por mais tempo. Simplesmente porque não estamos "atrapalhando" tentando consertá-lo. Isso é muito comum em idosos.

    Apesar da fragilidade que o idoso apresenta, ele tem condições de permanecer estável na fragilidade, e isso, muitas vezes, desgasta ainda mais o cuidador. É como um papel de seda, delicado, tênue, mas que não rasga porque permanece cuidado e confortável.

Pedidos
possíveis,
pedidos
impossíveis.

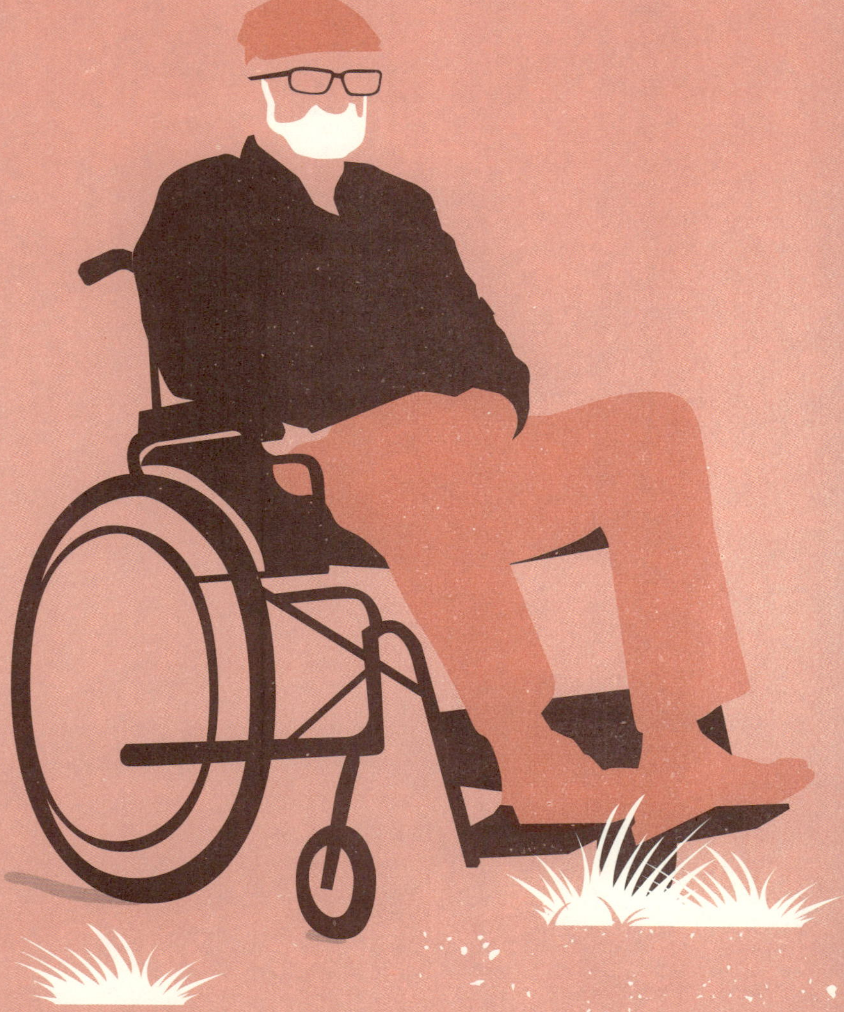

CAPÍTULO 5

A gestão da impermanência

Em meu consultório, uma das frases que mais escuto, com leves variações, é esta: "Vim procurar a senhora porque percebi que está na hora, mas meu médico/minha família não concorda. Eles acham que eu tenho que lutar, mas estou muito cansado." Às vezes, é o próprio paciente que procura cuidados paliativos porque quer desistir. Não aguenta mais se esforçar para satisfazer as expectativas do tratamento médico e da família para que ele não desista de viver.

Na verdade, quando procura cuidados paliativos para si mesma, a pessoa faz uma escolha guiada pela percepção de que não vale mais a pena sofrer. Quando estão em tratamento, muitos expressam o desejo de reaver a vida que perderam. "Quero minha vida de volta", dizem. Bem, esta não deixou de ser a sua vida. Existe vida boa, vida bonita, vida difícil, vida triste, até vida indigna. Mas serão sempre vidas, até que venha a morte. Há uma confusão aí: não é a vida que foi embora, e sim a realidade, a situação em que se vivia. Ora, mas a realidade vai embora o tempo todo! A realidade que vivemos hoje pela manhã já passou, agora é outra e mesmo esta já está de partida.

Essa dinâmica da impermanência desperta no paciente a necessidade de resgatar a esperança. No entanto, a opção pelos cuidados paliativos guarda certo pesar. Na nossa cultura, significa aceitar que a morte é uma realidade possível.

Embora a possibilidade da morte seja uma constante no cotidiano de quem tem uma doença grave, poucas pessoas se dão conta disso. Essa consciência só surge em uma fase mais avançada da doença e, infelizmente, os cuidados paliativos estão associados aos dias finais. Por isso, muitos doentes que poderiam ter se beneficiado desses cuidados só nos são encaminhados bem tarde, quando ainda podemos fazer muito por eles, porém menos do que teríamos feito se tivéssemos iniciado os cuidados antes. Hoje não me entristeço mais quando isso acontece, porque não posso desperdiçar o tempo do paciente com frustrações que dizem respeito apenas à minha vida profissional. Preciso usar da melhor maneira possível o tempo de vida que ainda temos juntos.

Até hoje, muitas pessoas se sentem indignadas quando digo que a morte é um dia que vale a pena viver. Então explico que a morte deve valer a pena para quem está *vivendo* o processo, não para quem assiste a ele. Muitas vezes quem assiste à morte de alguém presencia um processo absolutamente indigno, mas, mesmo sofrendo com a dor do paciente, não mexe um dedo para mudar a situação. Pelo contrário: em tempos de engajamento nas redes sociais, não é incomum que o parente que testemunha o sofrimento de alguém em seu final de vida tire o celular do bolso, faça uma foto e poste, expressando sua suposta "indignação" com o sistema de saúde, os médicos, etc.

Fotografar e protestar em rede social não alivia em nada a dor do outro. Penso que essas pessoas fariam melhor se aproximando daquele paciente e perguntando do que ele precisa naquele momento para se sentir melhor: Um pouco de água? Trocar a fralda? Um aperto de mão amoroso? Um olhar que diga "estou aqui e vou ficar do seu lado, fazendo o melhor que puder"?

E se você fosse capaz de utilizar todos os recursos disponíveis para proporcionar uma última boa experiência a quem está morrendo?

Há alguns anos, um programa de televisão me trouxe clareza sobre a necessidade de obter conhecimento, habilidade e competência para cuidar de uma pessoa no final da vida.

Eu gosto muito de cozinhar. Sou habilidosa, nem sempre competente, mas, em grande medida, minha falta de competência se deve à falta de tempo para me dedicar à gastronomia. No entanto, sempre busco informações complementares para não parecer tão incompetente, o que geralmente significa sintonizar programas de culinária na TV. Um dia, deparei com um torneio em que chefs talentosos de diversas partes do mundo seriam enviados a países diferentes, onde teriam que apresentar um prato e seriam avaliados pela qualidade de sua comida. O chef do Brasil teria que preparar suas receitas na China; o chinês, na Índia; o indiano, na França e assim por diante. A graça da competição é que esses chefs, estrelas em seus países, seriam alocados em casas de famílias comuns, como a minha ou a sua, e não poderiam levar nem comprar nada: teriam que cozinhar com o que estivesse à mão, na despensa ou na geladeira. Venceria aquele cuja família raspasse o prato e terminasse a refeição sorrindo e elogiando a comida. Cada chef teria 1 hora para trabalhar, fazendo as escolhas certas diante de um cardápio variado de possibilidades.

Pausei o programa e refleti sobre como aquela situação era similar a cuidar de alguém que tem pouco tempo de vida. Nesse tempo breve, temos que nos dispor a oferecer o nosso melhor em competência, habilidade e conhecimento, usando os ingredientes que temos à mão.

Esse "melhor" implica a construção de um laço afetivo, que já deve existir na relação familiar e que jamais deve ser desprezado. Sei que muitos profissionais de saúde são treinados para não "misturar" os papéis, levados a acreditar que o bom profissional é aquele que mantém as emoções e o cuidado em compartimentos estanques.

Lamento informar que isso não vai acontecer.

O profissional de saúde que se diz frio costuma ser justamente o mais afetado pelo sofrimento do paciente, e seu enrijecimento emocional nada mais é do que a nossa conhecida reação de congelamento diante do perigo – uma herança do nosso cérebro primitivo. Embora se defina como super-racional, esse profissional está apavorado diante da perspectiva de sofrer e não quer demonstrar a própria dor. Penso que esse espaço de humanidade não deve ser aprisionado numa jaula como se fosse um pitbull enfurecido. Emoções acorrentadas tendem a se tornar cada vez mais agressivas. Nenhum profissional de saúde deveria ter receio de se agachar diante de um paciente para alinhar seus olhos com os dele. Uma pessoa adoecida precisa dessa conexão para se sentir acolhida por alguém que escolheu estar ali e se preparou para isso.

Ser cuidado em casa ou no hospital?

Quando temos essa escolha, a casa é considerada o melhor ambiente para a construção de um espaço afetivo entre cuidador e paciente. A casa simboliza a segurança de um lugar constituído antes do adoecimento. O paciente só estará no hospital se a doença se impuser; o lar ameniza a experiência do adoecimento. Não suprime, mas atenua.

Não por acaso, a maioria das pessoas melhora quando volta para casa, não por milagre, mas porque retornou ao seu território biográfico. Isso traz para a pessoa o conforto de saber que ela é mais do que sua doença.

Eu me lembro de um adolescente em tratamento de câncer, vamos chamá-lo de João, que voltou para casa após uma internação e, ato contínuo, desandou a brigar com os irmãos. A mãe, preocupada, chamou os outros filhos e pediu a eles que não brigassem com João. "Ele está doente", justificou. Na verdade, a briga com os irmãos restituía ao jovem uma sensação de normalidade que a doença havia roubado. Minha orientação para aquela mãe visava permitir que os irmãos se pegassem, de tal modo que meu paciente visse a si mesmo como ele *era*, e não como *estava* naquela circunstância.

Segurança é fator inarredável, claro. Mesmo em casa, é preciso considerar riscos e prevenir acidentes. Uma cama hospitalar pode ser de grande ajuda para o doente e para seu cuidador, pois é um móvel que torna as providências mais fáceis. Um paciente que precisa de uma cama hospitalar possivelmente se beneficiará de uma cadeira de higiene para seu banho de chuveiro. Banhos aumentam a sensação de bem-estar – desde que a temperatura da água esteja adequada, que não haja dez pessoas entrando e saindo do banheiro (a nudez diante de outros pode ser intimidadora) e que o tempo do paciente em cada pequena etapa seja respeitado.

Infelizmente, nem sempre é possível voltar para casa. Se o hospital é a única possibilidade, é muito importante que o cuidado oferecido ao longo da internação seja atento e acolhedor. Eu me lembro de cuidar de uma paciente que estava na unidade semi-intensiva, uma área hospitalar onde em geral se tem acesso ao monitoramento da UTI, mas se permite a presença de acompanhantes. O maior desconforto dessa moça não era estar morrendo de câncer, uma vez que os sintomas estavam controlados, e sim o desrespeito à sua privacidade.

"Ah, mas ela estava na semi-intensiva de um hospital, que privacidade poderia esperar?", foi a pergunta que me fizeram à época.

Quando as pessoas vão à nossa casa, elas tocam a campainha e esperam até alguém abrir a porta e convidá-las a entrar. No hospital é um bater na porta cenográfico. O profissional de saúde bate e já vai entrando e se apresentando: sou a médica, a psicóloga, a fisioterapeuta... A minha paciente se ressentia disso e se perguntava por que precisava ficar ligada a tantos fios. "As pessoas daqui não sabem que eu estou morrendo?", ela quis entender. "Por que tenho que ficar com esse aparelho no meu dedo o tempo todo? A cada vez que eu me mexo ele se solta e o monitor apita sem parar. Precisa disso, doutora?" E concluiu: "A minha vida em risco parece ser mais importante do que a minha alegria de ainda estar viva."

A situação dessa paciente foi resolvida com uma reunião entre mim, a enfermeira-chefe e o médico de plantão. Uma vez que o quarto estava monitorado por câmeras, que tal desligar o som dos aparelhos?, propus. Sugeri também antecipar a medicação noturna e suspender a coleta de sinais vitais no meio da madrugada, assegurando uma noite mais tranquila. Assim foi feito, e o tempo restante de internação foi de muito mais conforto para a jovem. É dessa forma que transformamos o hospital em um espaço mais amoroso, compassivo e respeitoso. Não é a casa do paciente, mas é o cuidado possível, e todos devemos zelar por ele.

Parte importante dessa transformação do ambiente hospitalar ocorre no olhar de quem cuida. Tenho o costume de perguntar a meus pacientes o que posso fazer para que se sintam mais amparados no hospital. A resposta que mais ouço é: "Diga para as pessoas nos olharem nos olhos."

O olhar é um meio de construção afetiva muito potente. Se todos os profissionais de saúde, sobretudo os médicos, fossem capazes de olhar nos olhos de seus pacientes, a vida de quem precisa de cuidados seria muito melhor. Por meio do olhar estabelecemos relações de confiança e cumplicidade, muitas vezes sem a necessidade de dizer nada. Já o habitual "fica tranquilo", bordão de tantos médicos, é lido por pacientes e familiares como um sinal de que tudo está se agravando rapidamente, segundo relatos que ouvimos na Casa do Cuidar.* Isso demonstra que as palavras só serão efetivas se cuidador e paciente tiverem estabelecido antes um vínculo de confiança – e, por que não, de afeto.

---

* A Casa do Cuidar é uma organização social sem fins lucrativos, situada em São Paulo, que atua na prática e no ensino de cuidados paliativos, oferecendo assistência a pacientes e familiares que estejam diante de uma doença grave que ameace a continuidade da vida.

Quando o cuidado se baseia no tripé *conhecimento* (saber o que fazer; conhecer a evolução da doença, o tratamento dos sintomas e o paciente/a pessoa de quem cuidamos), *habilidade* (saber como fazer) e *competência* (saber fazer com sucesso), compreendemos que não há uma morte bonita única, universal, um modelo que vale para todos. O que há, isso sim, é a morte bonita para cada um.

Por que devemos lutar por uma morte bonita

Morte bonita é aquela que faz sentido para cada história de vida. Pode ocorrer em casa ou no hospital. Não é a morte que queremos que aconteça, e sim aquela que é possível acontecer.

Certa vez fui dar uma aula sobre Cuidados Paliativos em um hospital público em Diadema, na Grande São Paulo. Logo ao entrar na sala, vi na plateia algumas pessoas que, eu sabia, haviam criticado o título do meu primeiro livro, *A morte é um dia que vale a pena viver*, por achar que isso simplesmente não era possível. Comecei então relatando uma situação fictícia: estou a caminho de uma aula que daria numa cidade do interior profundo do Brasil. Vou de carro, e a certa altura sofro um acidente. Sou levada ao hospital mais próximo, público, e não há vaga. Permaneço na porta do pronto-socorro aguardando, até que me avaliam e, uma vez constatada a gravidade do meu estado, me intubam. Estou morrendo num lugar remoto, longe de todos os que amo, recebendo cuidados precários – morrendo do jeito que eu luto tanto para que as pessoas não morram. Então, alguém me reconhece e se lembra de ter ouvido em algum lugar que, antes de morrer, eu gostaria de ouvir a voz da minha filha e do meu filho. Essa pessoa dá um jeito de falar com os dois, grava um áudio e toca bem próximo de mim.

Ouço.

Essa é a morte mais bonita que eu poderia viver naquela circunstância. Se alguém disser que essa morte é feia, estará mentindo. Talvez seja feia de ver, mas é maravilhosa de viver. Embarco para a nova fronteira ao som da voz das pessoas que eu amo. Não importa se estou no chão, se estou suja ou deformada, se há tubos invadindo minhas profundezas; a beleza está na experiência de quem vive, não de quem julga o que está vendo.

A morte bonita depende de uma série de eventos fortuitos, conectada à ação de quem está cuidando e viabilizando a experiência de dignidade daquela pessoa. É o possível dentro do impossível.

Há algum tempo, fiz uma peregrinação na Europa com um grupo de cerca de 20 pessoas. A certa altura, numa trilha muito difícil em Montserrat, na Espanha, eu e outras três mulheres nos perdemos do grupo e enveredamos por um caminho tenebroso, célebre pela quantidade de pessoas que haviam perecido tentando percorrê-lo. Há trechos que correm paralelos a um abismo e em várias árvores víamos QR codes com informações sobre desaparecidos que tinham feito contato pela última vez... naquele lugar. Não havia sinal de celular.

Pois era exatamente ali que eu e as outras três mulheres tínhamos ido parar.

Apavorante.

Eu sempre uso meus stickers – aqueles bastões que fincamos na terra a cada passo, assegurando um apoio –, mas o perigo era quase palpável, e minhas acompanhantes não tinham essa ajuda.

Uma delas, que vou chamar de K., estava mancando muito. Se o caminho já estava penoso para todas – era uma pirambeira, uma descida interminável –, para ela parecia pior. Perguntei se estava tudo bem, ela só balançou a cabeça e seguimos.

Mas a trilha era mesmo difícil, e houve um momento em que tropecei num pedregulho, caí sentada e deslizei rampa abaixo, sem controle. No final da rampa, a não ser que eu conseguisse virar à esquerda, havia um abismo. Fim.

Quer dizer, não foi o fim, ou eu não estaria aqui escrevendo. No meio do caminho havia uma árvore, e eu "esquiava" rapidamente na direção dela. A árvore me aparou e deteve a queda.

Abraçada ao tronco fino, fechei os olhos por um instante e, ao reabri-los, deparei com um QR code. Mais um desaparecido. Então senti um impacto nas minhas costas. Era K., que tinha escorregado também e desviado para a mesma árvore salvadora. O tronco balançou, mas se manteve firme. Por alguns segundos apenas respiramos. Estávamos vivas, não seríamos mais um QR code naquele lugar sombrio. De tão nervosas, começamos a rir. "Você me deve essa, eu salvei sua vida", eu dizia a ela, que retrucava: "Quem salvou a gente foi essa árvore!" E ríamos de choque e alívio.

Foi assim que K. e eu nos conhecemos.

K. tinha câncer de mama metastático. Havia feito uma

bateria de exames e ganhado um alvará para viajar, mas a perna que falhava enquanto ela fazia aquela trilha, soubemos depois, era sintoma de uma lesão cerebral.

Acabamos encontrando o restante do grupo, cruzamos a fronteira com a França e alguns dias depois estávamos em Sainte-Marie-le-Mer, uma cidade litorânea conhecida por ter acolhido Maria Madalena em sua fuga da Palestina e por ser a cidade dos ciganos, local de peregrinações em honra de santa Sara, uma mulher sábia que teria aportado ali com Madalena.

Numa tarde linda e livre em Sainte-Marie, K. foi à praia com outra mulher e teve uma convulsão no mar. Como eu era a única médica no grupo, me chamaram para atendê-la. Já desperta, ela me contou de sua doença e entendi a gravidade do quadro.

Eu sabia que, se ela fosse a um hospital, seria imediatamente internada em uma UTI e de lá não sairia. Tomei a decisão de tratá-la com remédios que eu havia trazido na bagagem – o que não costumo fazer; era como se eu tivesse adivinhado que precisaria deles. Quando ela se estabilizou, nos organizamos, compramos uma passagem e a mandamos de volta para o Brasil antes de a viagem terminar.

Mas antes disso houve a noite que passei com ela.

Como viajávamos por cidades pequenas, era comum dividirmos quartos. No caso de K., achei importante dormir ao lado dela, assim saberia o que fazer se tivesse nova convulsão. Juntamos nossas camas, encostei a cama de K. na parede e, para me certificar de que eu acordaria caso ela sentisse algo, coloquei minha mão sob seu travesseiro, uma espécie de sensor manual. Se ela convulsionasse, eu despertaria. Não foi necessário: K. dormiu profundamente. Naquela noite, mais uma vez entre tantas, fui a cuidadora.

K. costumava dizer que eu tinha salvado sua vida duas vezes. De volta ao Brasil, continuei cuidando dela até sua morte. Entre a notícia da metástase e o fim passaram-se apenas seis meses. K. morreu num hospital que não possuía os recursos necessários para lhe proporcionar uma morte bonita, mas isso não foi obstáculo para que a tivesse. Eu não estava no Brasil, mas mantive contato com seu marido. A certa altura ele me disse que, segundo a equipe médica, a família é que era responsável por encontrar um paliativista que a assistisse.

Só podia ser engano. Ele tinha ouvido direito? A *família* é que tinha que procurar alguém?

Era isso mesmo.

Fiz uma postagem no Instagram denunciando a situação e logo apareceram vários paliativistas para auxiliá-la. De longe, orientei os procedimentos, falei com os médicos que cuidavam dela e, quando a situação se agravou, pedi a uma amiga que levasse uma mensagem minha. Quando ouviu minha voz, K. despertou, sorriu, fez sinal de ter entendido e, uma hora depois, partiu.

Eu estava no Japão, a meio planeta de distância. Estava no futuro, onde ela já estava morta, mas pude cuidar de K. no presente dela. Mesmo no futuro, me despedi da minha amiga.

Morte bonita não é apenas aquela em que a pessoa está num lugar bonito, cercada de amor e conforto, de mãos dadas com os entes queridos. Com K., eu vivi uma intimidade a distância. Quando estamos determinados a estar presentes, estamos, e é uma experiência de rara beleza.

Na mesma viagem em que conheci K., passei pela cidade de Chartres, na França. Além da magnífica catedral, uma das atrações mais procuradas é um labirinto no centro do qual, segundo a lenda, está a nossa morte – o nosso encontro com Deus. Chegando a esse ponto, descobrimos o sentido da vida, mas temos a chance de voltar. Percorrer o labirinto "de volta à vida" é uma experiência de uma intensidade absoluta para quem entra no espírito da coisa. Quando cheguei ao centro do labirinto, deparando com a minha morte, o que vi foi a minha vida – e tive um pensamento claro como o dia: meu trabalho é caminhar com as pessoas nesse labirinto, sem, contudo, dar o passo final para dentro da morte.

Voltei pensando em K., que já havia retornado ao Brasil, e, depois de sair, mandei uma mensagem para ela. Perguntei se estava bem – ela estava –, então lancei a pergunta:

"Você quer que eu faça o labirinto de Chartres com você? Posso ligar o vídeo e andamos juntas. Que tal?"

Assim fizemos, e fui caminhando até o centro e voltei. Eu chorava, ela também, e as pessoas do grupo que nos viam entendiam o que estávamos fazendo. "Eu sei o que ela tem e não haverá tempo de vida para ela fazer esse caminho. Fiz com ela." Era a explicação que não precisei dar.

Isso também é cuidar. Vou até a fronteira da morte com alguém e volto para a minha vida.

K. ficou feliz. Estar em Chartres era um sonho, e eu pude ajudá-la a realizá-lo.

Uma morte bonita é um milagre planejado, um percurso que traçamos com o paciente e sua família e que vai muito além dos cuidados paliativos: não podemos esquecer que é necessário abrir um espaço para a vida dentro da perspectiva da morte.

Tempos atrás, a história de uma mulher que queria ver o mar antes de morrer viralizou nas redes sociais – a ambulância que a levou à praia, a emoção da família, uma cena extraordinária. Tudo muito válido, claro, mas penso que esse tempo para viver não precisa ser recheado de eventos grandiloquentes. Tem que estar no dia a dia do paciente.

Cuidei de um senhor que viveu muitos anos sob cuidados paliativos. Ele tivera um diagnóstico de câncer de intestino e vivia bem com a bolsa de colostomia – até o dia em que sofreu uma queda, fraturou o fêmur e foi hospitalizado. No hospital, teve uma doença vascular e abriu-se uma chaga imensa na perna. Como se não bastasse, descobriu um novo câncer, dessa vez de cabeça e pescoço, já avançado. Foi nesse momento que nos conhecemos. Ele e a família concordaram em não tratar o novo câncer. Combinaram também que ele se submeteria a cuidados paliativos exclusivos, ou seja, controlando os sintomas com o objetivo de dar a melhor qualidade possível à vida que lhe restava.

Houve percalços, claro, como a vez em que ele decidiu parar de beber água porque achava muito desconfortável ir ao banheiro para urinar. Ele sempre aceitava água quando lhe ofereciam, mas disfarçadamente a jogava nas plantas, então ninguém percebeu até que um dia ele apresentou insuficiência renal. Fiel ao nosso acordo, fiz uma sedação paliativa. Como a sedação era realizada com um pouco de soro, esse paciente recuperou a função renal. Os exames melhoraram tanto que suspendi a sedação e ele acabou retomando sua rotina.

Esse senhor viveu nove anos depois de um diagnóstico de câncer avançado.

Muitas vezes ele me perguntou se era um milagre. Imagino que sim, pois não se espera que uma pessoa com um câncer de cabeça e pescoço viva tanto tempo. Se ele houvesse recebido alguma intervenção para tratar o câncer, como cirurgia ou radioterapia, teria que lidar com a recuperação dessas agressões ao seu corpo idoso. Como após meticulosa avaliação médica nada disso foi feito, ele só precisava gerenciar o câncer, e de alguma forma o corpo dele soube estabilizar a situação. O fato de não termos feito nenhuma intervenção pode ter ajudado a manter a situação sob controle. Nas nossas consultas, ele levava uma lista dos medicamentos que tomava. Um dia, observei um número de telefone em meio aos nomes dos remédios. Perguntei o que era.

"Você não me disse que eu tinha que colocar na minha lista aquilo que faz bem para a alma? É o número de um amigo que me informa os resultados dos jogos de futebol do dia."

Se você cuida de alguém, peça a essa pessoa que acrescente à lista de medicamentos algo que faça bem à alma.

Como ele continuava vivo após tanto tempo do diagnóstico, o plano de saúde começou a questionar a doença, com o objetivo de cortar o *home care*. Fizemos uma ressonância e lá estava o câncer, intacto.

Aquele senhor viveu com o câncer a melhor vida possível. Teve uma morte suave, em casa, sereno. Na véspera, perguntou à filha se estava bonito, se o corte de cabelo estava bom, se as unhas estavam bem aparadas.

"Você está lindo", tranquilizou-o a filha.

A morte é um dia que vale a pena viver.

Será mesmo?

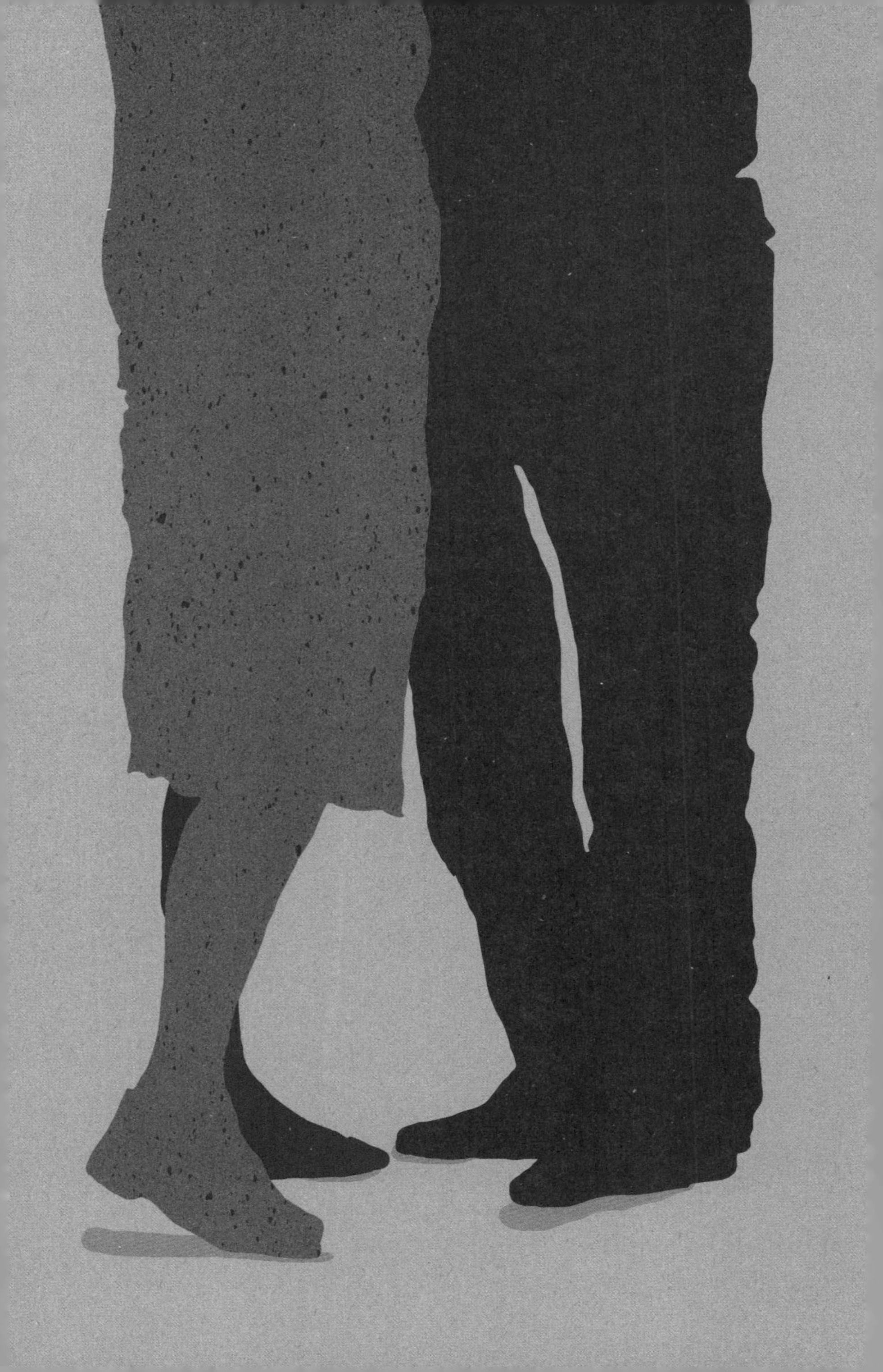

CAPÍTULO 6

As etapas do morrer

Por onde começamos a morrer?

Para muitos, a morte começa pela dimensão física, mas não vejo dessa forma. A maioria de nós terá primeiro uma morte social: seremos extintos de nosso ambiente de trabalho, de nossos planos de futuro a médio e a longo prazo. A segunda morte se dará na dimensão familiar, quando, por exemplo, nossos filhos começarem a dizer que se tornaram nossos pais só porque assumiram responsabilidades com nossos corpos frágeis. Eles se esquecem de que não invertem essa relação só porque trocam nossas fraldas, nos dão comida na boca ou amparam nossos passos. Por mais bem-intencionados que sejam, filhos não têm competência, habilidade nem conhecimento para ser pais de seus pais. Querer tirar dos próprios pais o papel que exercem na família é indevido.

Uma advertência da maior seriedade: não mate seu pai ou sua mãe antes da hora. Ocupe o lugar de quem cuida – o que já é bastante complexo –, mas não queira ocupar o papel de seus pais.

A próxima dimensão a morrer é emocional, quando nos sentimos inúteis. Pensamos que, por não sermos mais produtivos como um dia fomos, já estamos mortos. Com isso, nos esquecemos de que não somos apenas função: somos também existência. Todos conhecemos pessoas que fazem o mundo parecer melhor só porque existem, ainda que tenham se aposentado ou deixado de contribuir para o tecido social. Elas são sábias e têm a tranquilidade de quem já viu muito e sabe de coisas que podem transformar nossa vida.

Essa é uma dimensão especialmente sensível, pois nossa percepção de vida que vale a pena ser vivida se relaciona, em geral, com a capacidade de produzir alguma coisa. Não nos ocorre o valor de fazer o bem, algo que não costuma estar na lista dos afazeres significativos. E aceitar cuidados é uma forma de fazer o bem. Deixo aqui algumas palavras para quem está recebendo cuidados: não diga que não quer dar trabalho. Há uma pessoa dedicando tempo de vida a assegurar o seu bem-estar. Além disso, é fato que você dará trabalho. Então, faça o bem e permita-se receber o que lhe é ofertado. Reconheça o esforço do outro e seja grato.

A morte seguinte em cada tsunami pessoal é a biológica. É sobre ela que temos mais informações, e a que mais ocupa nossos pensamentos. Constatamos que nosso corpo não funciona tão bem quanto antes, que sempre dói alguma coisa, que é preciso ir mais vezes ao médico e fazer exames. Olhamos no espelho e vemos que a pele está alterada e o cabelo está caindo, que perdemos peso sem explicação e sentimos falta de ar. Pode haver sangue no catarro, e por vezes as fezes custam a sair ou saem esbranquiçadas. Surgem formigamento nos dedos, dificuldade para andar. Perdas de todos os tipos.

A última dimensão a morrer será espiritual. Penso que ela guarda algum alento porque, mesmo quando não mais existirmos biologicamente, seguiremos viagem no coração das pessoas que amamos e que nos amaram. Não se trata de uma dimensão religiosa; não me refiro aos mistérios do misticismo ou das religiosidades dogmáticas, e sim à experiência real de sustentar um vínculo de modo simbólico dentro do coração. A morte da minha mãe, Cecília, foi uma das maiores dores que senti. No entanto, a vida dela não terminou, porque Cecília continua em mim, e isso é uma experiência da dimensão espiritual. Não vejo o espírito da minha mãe nem sinto sua presença, mas ela vive em mim numa dimensão sutil, não concreta.

Sinto o mesmo com relação ao meu pai. Numa viagem recente ao Japão, ele esteve comigo o tempo todo, ainda que tivesse falecido em 2010. Ele amava o Japão! Quando eu tinha 5 ou 6 anos, não lembro ao certo, ele me apresentou à comida japonesa. Assistíamos juntos ao Japan Pop Show, um programa de variedades que fez muito sucesso nos anos 1970. Íamos a papelarias comprar objetos japoneses – tudo ele apreciava imensamente. Sempre que possível, comprávamos eletrodomésticos japoneses, que ele dizia serem os melhores, como a nossa televisão Telefunken. Se mais jovem eu não consegui proporcionar a ele essa viagem, naquele momento eu "pude" – e o levei comigo a toda parte. "Pai, olha esse lugar!", eu murmurava para ele diante da arquitetura de um templo, do formato de um bambu ou do contorno de um jardim zen. No meu coração, ele estava numa alegria imensurável. Fiz a viagem inteira com minha ancestralidade dentro de mim, eu como criança, de mãos dadas com ele, deslumbrada a cada descoberta. Ah, que coisa deliciosa foi a viagem com meu pai no meu coração!

A dimensão mais ativa nos nossos momentos finais é a biológica. É ali que as dinâmicas da finitude se manifestam com maior intensidade. Tudo começou bem antes, com o surgimento dos primeiros sintomas físicos. Então veio o diagnóstico. Na hora da nossa morte, aquele primeiro sintoma físico será o mais perceptível – é raro que não seja assim. Embora a dimensão física não seja a mais importante da nossa existência, ela é fundamental para que as outras dimensões possam florescer. Um corpo biológico saudável não determina a nossa felicidade, mas sem ele dificilmente conseguiremos ser felizes.

Por isso, quando estamos diante de uma pessoa em seu tempo final, o primeiro cuidado deve ser tratar a dor. Não é possível discutir o sentido da vida com alguém que declara sentir dor grau 10, ou falta de ar, ou algum outro desconforto físico.

Um pouco antes de viajar com meu pai no coração, tratei de uma jovem mulher de ascendência japonesa que, perto dos 30 anos, solteira e sem filhos, havia descoberto um câncer de colo de útero bastante agressivo, como costuma ser esse tipo de câncer. J. submeteu-se a vários procedimentos, quase sempre realizados em internações hospitalares por causa dos efeitos colaterais. Em meio a uma etapa menos dura do tratamento, foi para casa, na companhia de uma irmã que pausou a vida para cuidar dela, e um dia marcaram consulta comigo. Depois de uma hora e meia de conversa, combinamos como poderíamos fazer o controle dos sintomas e marcamos um retorno para dali a dois meses.

Nos despedimos confiantes de que tudo daria certo. J. não tinha dor. Nos veríamos na minha volta ao Brasil.

Mas nada saiu como planejado. Eu ainda estava no exterior quando recebi uma mensagem dela se desculpando pelo incômodo e dizendo que a dor havia chegado. E era intensa. O grupo de estudos da dor do hospital fora acionado. Ela estava recebendo morfina no quarto, recém-saída de uma temporada na UTI, quando foi visitada pela médica paliativista.

"Seu quadro na UTI foi muito grave", disse a médica.

"Eu poderia ter morrido?", J. fez a pergunta mais terrível.

"Sim."

"E se eu estivesse morrendo, o que seria feito?", J. quis saber.

"Nada", respondeu a médica, impávida. "No seu caso não tem indicação de intubar, de prescrever diálise."

"Mas quem decide isso?"

"O estágio da sua doença."

"Mas não era eu quem deveria decidir isso? Ou, se eu não pudesse, não deveria ser meu pai, minha mãe...?"

A médica desconversou, então J. me escreveu pelo WhatsApp.

"Doutora Ana, eu poderia ter morrido, e eu não sabia que não seria submetida a nada. Eu poderia ter escolhido isso, mas eles teriam que me perguntar, não é?"

Têm que perguntar, sim, eu respondi. Ela continuou, a mensagem "J. está digitando" fazendo meu coração bater mais depressa.

"E essa médica disse que, dependendo da dor, eles terão que me sedar. É isso mesmo?"

Não, respondi. J. tinha acabado de começar o tratamento da dor, e havia muitas possibilidades à frente antes de se indicar a sedação.

Depois de uma longa pausa, J. voltou a digitar.

"Doutora, eu não quero morrer aqui. Quero ir para casa. Tenho muita coisa para fazer lá. Fotos que rasguei e não deveria ter rasgado, coisas que preciso consertar. Mas do jeito que as coisas estão indo eu não vou voltar mais. Não consigo parar de chorar!"

A essa altura, liguei para ela – melhor do que continuar a troca de mensagens. Ela estava em prantos.

"De quanto tempo você ainda precisa para chorar?", falei.

J. levou um susto:

"Como assim?"

"É que eu preciso de você calma, sem choro, para dizer, olho no olho da médica, que se você está mesmo morrendo, quer ir para casa agora. Que você não quer morrer no horário disponível na agenda dela."

Expliquei que ela teria que pedir a troca dos remédios, que não poderiam mais ser venosos, e tudo isso sem chorar, porque senão chamariam a psicóloga e sabe-se lá o que mais poderia acontecer.

"Nem me fale da psicóloga!", ela se retraiu.

A psicóloga havia passado no quarto pouco antes, quando ela estava em plena crise, urrando de dor, a enfermeira acudindo, a irmã nervosa perguntando cadê o remédio?, caos. Em meio a tudo isso, a mulher se apresentou como a "psicóloga dos cuidados paliativos" e insistiu em conversar com J.

"Agora não posso falar com você", disse J., pálida, se contorcendo de tanta dor.

"Não, mas é rapidinho!", insistiu a "psicóloga dos cuidados paliativos".

A enfermeira interveio.

"Olha, por favor, agora não dá. Vou falar com a médica, iniciar a medicação e depois vocês conversam. Talvez você possa atender outro paciente enquanto cuidamos da J."

"Depois não posso, tem que ser agora, mas vai ser rapidinho" – falou, arrastando para fora do quarto a irmã de J., que protestava em vão. A enfermeira também saiu para buscar o remédio. J. ficou sozinha.

Diante desse cenário caótico, pedi que uma assistente minha a visitasse, falasse com os médicos, ajustasse as dosagens das medicações. J. saiu do hospital. No fim de semana seguinte, sem dor e ainda em tratamento, estava na praia com amigos, me mandando fotos de pôr do sol.

O câncer está lá. Não sei quanto ela viverá. Mas as fotos que me chegam de sorrisos à beira-mar mostram que é perfeitamente possível ser triste e ser feliz ao mesmo tempo com os cuidados paliativos certos.

Um mês antes, ela poderia ter sido sedada por falha médica.

Isso porque estamos falando de um hospital em São Paulo, a maior metrópole brasileira, e um que tem uma equipe de Cuidados Paliativos, o que é raro.

Uma vez que o sofrimento físico tenha sido aliviado, abre-se espaço para cuidar das outras dimensões do morrer, conforme o conceito de Dor Total descrito por Cicely Saunders, a pioneira dos Cuidados Paliativos.

Para tratar a Dor Total é preciso elaborar um plano de cuidados – o milagre planejado que mencionei anteriormente. Esse milagre só será possível se os profissionais de saúde envolvidos no processo conseguirem resgatar a família do poço de desamparo onde ela provavelmente estará e oferecer instrumentos para que todos se tornem agentes de transformação. Não há como apagar o sofrimento daquela família, mas é possível mostrar a ela tudo o que pode ser feito para melhorar a vida daquele ser amado que sente dor física, emocional, espiritual, social. Essas providências vão muito além de oferecer um remedinho.

O planejamento dos cuidados em geral aborda primeiro duas condições muito presentes no fim da vida: a fadiga progressiva e a fraqueza limitante. Ambas sobrecarregam muito o cuidador fisicamente, pois o paciente acometido dessas duas condições não consegue ajudar em nada. Mesmo que esteja com 30 quilos, é como se pesasse três toneladas; frequentemente, mal consegue mover um braço, esticar uma perna. Muitas vezes, nem precisamos perguntar se sente dor: é óbvio que sim, pela postura dele, dobrado como um tsuru, a ave sagrada dos japoneses. Pacientes com demência avançada têm articulações muito enrijecidas e feridas pelo corpo – as escaras que aparecem quando se passa muito tempo deitado. Pessoas com alguns tipos de câncer, como o que afeta os ossos, têm dores inenarráveis e sinais evidentes de sofrimento. Essas dores podem ser cuidadas com tratamentos medicamentosos e também com técnicas como relaxamento, compressas, massagens, aromaterapia e outras, que jamais devem ser descartadas. Da mesma forma, é preciso saber como utilizar os medicamentos. É dever do médico descrever claramente a posologia para evitar mal-entendidos e assegurar a eficácia do remédio.

Outro sintoma que pede atenção de quem cuida é a falta de apetite em decorrência da caquexia – a perda de peso e de massa muscular característica de várias doenças graves. Isso gera nos familiares e cuidadores uma forte sensação de impotência, pois acham que o paciente vai morrer de fome. E disparam a fazer comida, em grandes quantidades, sobretudo as receitas de que aquela pessoa gostava em outro tempo da vida. Será inútil se a pessoa estiver em processo ativo de morte – esse sim um quadro de adoecimento gravíssimo e irreversível que causa uma série de mudanças físicas e comportamentais, entre elas a redução no volume de urina, alteração da frequência cardíaca e respiratória, agitação ou apatia e confusão mental.

Isso é o que a gente observa, e não há nada de belo em um cenário assim. Mas penso que precisamos separar a experiência de quem vive da experiência de quem assiste. Relembre a situação hipotética que descrevi anteriormente, ao falar das minhas diretivas de morte. Para quem me observa, morrer num lugar desconhecido, cercada de estranhos e sentindo dor pode ser terrível, mas para mim, no leito de morte, ouvindo a voz dos meus filhos, mesmo esse dia pode ser perfeito.

Pessoas que viveram experiências de quase morte não relatam dor, falta de ar ou angústia, e sim uma sensação de paz ou de que estava flutuando fora do próprio corpo.

Entendo que, para a família, tudo isso possa parecer triste e desgastante. Nas minhas décadas de prática médica, porém, aprendi que ocorre justamente o oposto: quando orientada sobre os próximos prováveis acontecimentos, a família se empenhará para oferecer a melhor qualidade possível ao que resta de vida ao seu ente querido. Terá informação para observar o tsunami se formando no horizonte e buscar um lugar seguro para se abrigar. Se houver caos, será um caos menor, não a montanha de sofrimento que tantas vezes encontro em núcleos familiares destroçados pela dor de uma perda iminente.

Sim, mesmo nas situações mais extremas é possível provocar apenas o caos mínimo.

Certa vez, durante um curso para socorristas do SAMU, o serviço médico pré-hospitalar que pode ser acionado em emergências, ouvi daqueles profissionais alguns detalhes duríssimos de sua rotina. "A verdade é que chegamos à casa da pessoa que nos chamou e muitas vezes encontramos um idoso demenciado cujo coração parou", me relatou um deles. "Então somos pressionados pela família a reanimá-lo. Mas a pessoa já estava morta. Como podemos fazer cuidados paliativos numa hora dessas?"

Pensei um pouco antes de encontrar uma resposta.

"Entendo que você se sinta compelido a reanimar o paciente, mas na maior parte das vezes ele não vai voltar. E, quando ele não ressuscitar, há providências que podem ser de extrema importância para a família. Primeiro, feche os olhos da pessoa morta. Se ela estiver de pijama, abotoe. Se tiverem tirado a roupa para a reanimação, busque um lençol para cobri-la. Leve as mãos do morto ao peito e sobreponha-as cuidadosamente. Então, erga os olhos e diga: 'Sinto muito.'"

Ao cumprir esse ritual simples, o socorrista devolve à família alguém que recebeu cuidados. Essa é a experiência que todos que perdem um parente precisam vivenciar – não importa se o cuidado foi ofertado no chão da casa ou do pronto-socorro, na maca da ambulância ou na cama desfeita de um quarto cheio de memórias.

A família só precisa saber que aquela pessoa foi cuidada. É uma forma de reverência.

Uma família bem preparada saberá lidar com uma das maiores dores de cuidar de alguém com uma doença incurável, progressiva e irreversível: o luto antecipatório, o intervalo entre o anúncio da morte e sua chegada. Nessa situação, a morte ainda não aconteceu, mas já estamos gestando sua realidade e vivendo todas as fases do luto, mesmo que ainda encontremos a pessoa no quarto dela, consigamos olhar nos olhos dela e nos reconheçamos nesse olhar. Por mais difícil que seja, o luto antecipatório pode proporcionar uma grande vantagem para quem o vivencia, pois nos prepara para o desfecho. É verdade que nesse tempo de profunda dor emocional somam-se (ou se alternam) medo, solidão, raiva, sensações de abandono, revolta, aceitação, adaptação, mas é possível e necessário transformar esse período em um tempo de despedidas, celebração de conquistas e gratidão pela vida vivida.

A evolução das emoções diante da morte não é linear nem por parte do paciente nem de quem cuida. Pelo contrário: muitas vezes é caótica. Um dia, o paciente está em total aceitação; no dia seguinte, está fazendo planos para o próximo Natal. Familiares também passam pelas mesmas etapas, sentindo-se ora abençoados por terem um tempo de despedida, ora abandonados pela partida iminente. Será sempre assim porque a morte é a mais extrema das experiências humanas, que abraça um espectro largo de sentimentos – alguns dos quais só viveremos nos últimos momentos da nossa vida, ou nos dias finais de alguém que amamos. São sentimentos que nunca provamos antes, como a iguaria de um país exótico que de repente está ao nosso alcance, e não há como saber qual será a nossa reação àquele sabor inesperado.

Quando penso sobre meu próprio tempo de morrer, reivindico o direito de ter medo. Às vezes me pego fantasiando que haverá pessoas comentando o meu adoecimento final e talvez aterrorizante. "Olha só, a médica trabalhou com a morte a vida inteira e agora está com medo, que absurdo." Absurdo é não respeitar meu direito ao medo. Por mais que eu tenha estudado a morte e seus caminhos, eu nunca morri e não sei como será. Já passei por uma doença que ameaçou a continuidade da minha vida. Já vivi uma experiência de quase morte. Até aqui, fui bem, mas e na hora que for pra valer, como me comportarei? Não sei, mas quero ter a bênção de receber cuidados de alguém que me respeite no território amedrontado que me pertence enquanto ser humano.

O doente em seus dias finais tem preocupações com o futuro dos que ficarão depois que ele se for. Ele precisa ter a possibilidade de finalizar relações interpessoais confusas, mal resolvidas, rancorosas. Precisa saber que não será esquecido; que seus familiares entendem que a partida é inevitável, mas que ele fará falta.

O manejo cuidadoso dos eventos dos dias finais pode proporcionar uma fase tranquila dentro de um processo de luto saudável. Não é que doa menos, mas é uma dor um pouco mais fácil de lidar. Pontos valiosos que foram cuidados ao longo do processo de morte serão portos seguros, pacíficos e serenos para quem fica.

Por onde começamos a morrer?

De onde terminamos de viver?

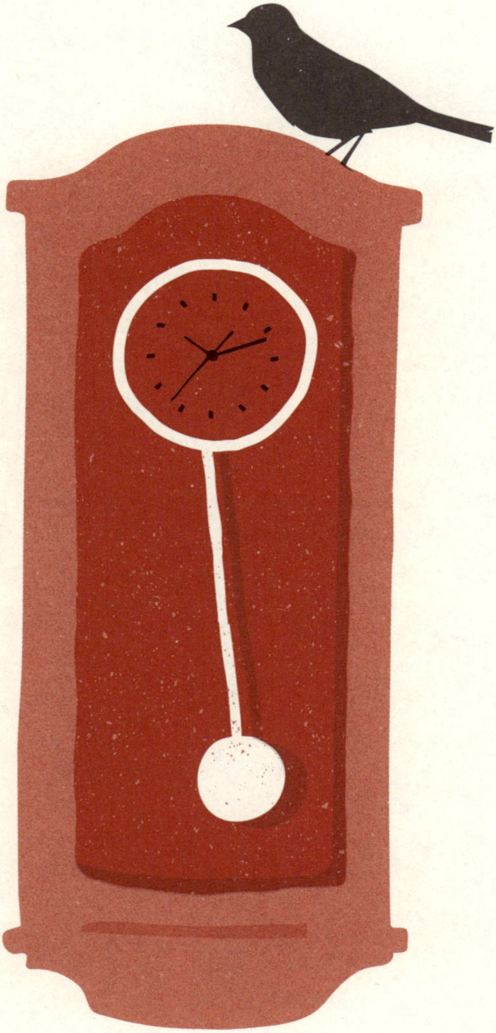

CAPÍTULO 7

As palavras que dizemos a quem está morrendo

Entre os pontos valiosos da trajetória do morrer está o cuidado com as palavras que usamos. "Tenha fé", como antecipei, encabeça a lista das piores coisas que podem ser ditas.

A fé é uma condição de segurança a respeito do caminho que estamos trilhando. A pessoa que tem fé tem certeza de que aquele caminho é o melhor para ela e acredita fervorosamente que dará conta de percorrê-lo, pois terá as ferramentas certas para a travessia. Para mim, isso é ter fé. Fé não é a expectativa de que Deus mude de ideia, porque, até onde sei, a ideia de Deus é perfeita; Ele não se engana. E se Ele não se engana, não é o médico, o enfermeiro, o familiar ou o amigo de quem está morrendo que vai convencê-lo de que Deus se enganou. A nós cabe reverenciar o sagrado mesmo que o paciente não tenha religião nenhuma, mesmo que ele seja ateu. No nosso ato do cuidado, ele vai reconhecer o amparo do universo.

Por isso, aconselhar uma pessoa que está morrendo a ter fé na cura é cruel. Da mesma forma, devemos evitar expressões como "Vai ficar tudo bem" (talvez não fique) e "Você tem que comer para ficar bom" (a depender da doença, dificilmente comer fará diferença).

Jamais compare o quadro de alguém com quadros piores ("Fulana teve esse câncer e sentia muita dor, que bom que você não sente" – sim, tem gente que diz isso).

Jamais diga "Eu sei o que você está passando" (não sabe; mesmo que tenha passado pela mesma coisa, as experiências nunca serão as mesmas).

Jamais recorde histórias de pessoas que tiveram a mesma doença e o quadro complicou.

Jamais lembre a uma mãe cujo filho está morrendo que ela ainda é jovem e poderá gerar outros (há pouca coisa mais desumana do que isso).

Jamais diga a um filho que perdeu o pai que "agora é hora de cuidar da sua mãe".

(É outra categoria, eu sei, mas não leve remédios que funcionaram para outras pessoas com a mesma doença. Nunca.)

Todas essas frases terríveis podem ser ditas – e na maioria das vezes o são – com as melhores intenções. Isso, porém, não tira seu peso nem atenua a dor que causam.

Mesmo apaixonada pela língua portuguesa como sou, reconheço um elemento de superioridade no inglês ao atribuir duas palavras para o nosso substantivo "cura": *heal* e *cure*. Enquanto *cure* se refere à cura física, *heal* significa a cura da existência. Penso que é possível morrer curada e que a palavra bem utilizada é um remédio que pode curar.

Encontre as melhores palavras para oferecer ajuda prática, e de preferência com constância. Assim a pessoa sabe que pode contar com você. Diga, por exemplo: "Eu sempre tenho as tardes de quarta livres. Posso te acompanhar ao médico/ao exame/à químio nesse dia." É muito melhor dizer isso do que os batidos "Ligue se precisar de qualquer coisa" ou "Estou à disposição". Mostra concretude. Ou: "Eu posso cozinhar pra você no fim de semana. É só me dizer do que você gosta para eu providenciar os ingredientes e acertar."

Outra: "Posso fazer feira/ir ao supermercado pra você."

Se você não consegue arrumar tempo para ajudar uma pessoa amada, tem algo muito errado com a sua agenda e a sua capacidade de escolher prioridades na vida.

Se você não tiver nada a dizer, faça silêncio. Não perca a oportunidade de ficar calado quando não souber o que falar. No entanto, é importante saber que não existe discurso perfeito. Em geral, o silêncio e a sua presença são mais efetivos no amparo de uma pessoa que está em sofrimento do que qualquer coisa que você possa falar para se acalmar. É isso mesmo: a maioria das pessoas quer falar alguma coisa para tranquilizar a si mesma, não ao outro.

Nossa maior dificuldade é dizer a verdade e encarar as consequências de fazê-lo. Culturalmente, somos pessoas muito frágeis e pouco capazes de lidar com as verdades de nossa própria vida. Muitas vezes há em nós uma necessidade de sermos iludidos em relação ao que está acontecendo e ao que vai acontecer. Diante das adversidades, fazemos uma tentativa imatura de buscar alternativas que nos afastem da realidade que precisamos enfrentar.

Há muitos anos atendi uma paciente como clínica geral, uma mulher de seus 40 e muitos anos que já entrou no consultório dizendo: "Na minha família todo mundo teve câncer, então com certeza um dia eu terei. Mas não estou preparada para saber a verdade. Eu sei que você adora falar a verdade e tudo mais, mas eu não quero saber. Então, se um dia você abrir os meus exames e encontrar um diagnóstico de câncer, você vai me dizer o seguinte: 'Janete, me dê o telefone do seu marido.'"

O assunto era sério, mas não pude evitar um sorriso. Eu tinha uma contraproposta.

"Por que você não me dá agora o telefone do seu marido? Assim eu já deixo no prontuário."

Janete me olhou preocupada.

"Como assim? Você acha mesmo que eu vou ter câncer?"

"Não, mas imagina que eu abro seu exame, leio o diagnóstico e peço o telefone do seu marido. Você já vai saber a verdade!"

Demos risada e foi divertido, mas havia um detalhe: o único hospital do convênio dela que tratava câncer era... o Hospital do Câncer.

"Você vai entrar lá vendada?", brinquei. "Se eu disser que você tem uma doença que precisa ser tratada no Hospital do Câncer, você não vai achar que é uma alergia, vai?" Nesse caso, o entendimento sobre o que é verdade saiu de uma consulta de check-up, numa conversa conduzida com leveza. Mas, reitero, para expor a realidade é preciso muita atenção e cuidado, porque a verdade é remédio e, sendo remédio, tem dose e hora para "ser tomada". Certa vez, aprendi com uma paciente que não devemos dar más notícias depois do pôr do sol, porque a noite é amiga das dores e adora acalentá-las durante suas longas horas escuras. Mas se for imprescindível dar uma notícia, precisamos saber como fazer isso de uma maneira compassiva, que é diferente de empática.

Qual é a diferença entre empatia e compaixão?

Empatia é a nossa capacidade de nos colocarmos no lugar do outro e sentir o que o outro está sentindo. Existe a deliciosa empatia da alegria, quando outras pessoas podem se sentir felizes porque nós estamos felizes; mas se estamos tristes, outros vão se colocar no nosso lugar e sentir a nossa tristeza. E o comportamento empático frente ao sofrimento do outro pode nos machucar profundamente, sobretudo se ele estiver passando por um problema irreversível ou irremediável. Colocarmo-nos no lugar do outro pode nos levar a um sofrimento que não nos pertence e ainda rouba o protagonismo de quem está sofrendo realmente. Quando dizemos "Eu não aguento cuidar de uma pessoa", nós nos referimos à *nossa* dor. Não importa quanto a outra pessoa esteja sofrendo, consideramos o nosso sofrimento maior que o dela e damos as costas ao cuidado de que ela tanto necessita.

Somos assim porque não fomos ensinados a transbordar aquilo que já existe na nossa natureza, que é a compaixão. Há experimentos sobre comportamento infantil em que bebês recém-nascidos são colocados um ao lado do outro. Se um começa a chorar, o outro chora também, num indício da nossa tão precoce inteligência social. Da mesma forma, se juntamos no mesmo espaço duas crianças de 1 ano e meio e uma delas chorar, a outra vai fazer de tudo para a que está chorando sorrir. Compaixão é algo que já vem de fábrica nos humanos; apenas não somos educados para nos comportarmos de maneira compassiva. Nossa educação individualista trata de nos privar desse traço inato. Por exemplo: se na praça de alimentação de um shopping nosso filho ouvir alguém chorando e se mobilizar para acudir, é bem provável que nós o repreendamos, dizendo que aquele choro, aquela dor da outra criança são problemas da mãe dela – não nosso.

Aprendemos que os problemas das pessoas que não conhecemos não nos dizem respeito. Nossas habilidades compassivas acabam esquecidas ou são consideradas inadequadas. Às vezes, só bem mais tarde na vida entendemos que renunciar à compaixão é abrir mão da alegria de poder fazer alguém feliz, mesmo que não seja alguém por quem você se interesse.

Quando cuidamos de alguém doente, devemos aprender a desenvolver a comunicação compassiva, que oferece alguns passos importantes para resgatarmos nossa compaixão inata.

O primeiro passo é **ter consciência de quem somos e do que sentimos**. Se saímos de casa para cuidar de alguém sem saber o que nos move ou como nos sentimos, corremos o risco de transformar a pessoa doente em uma manifestação do que sentimos, invalidando a dor e os sentimentos dela.

O segundo passo é **criar um espaço de conexão** com a pessoa de quem cuidamos. Esse espaço vai além da palavra falada e compreende silêncios e sorrisos, atenção e olhos nos olhos. A conexão com o outro nos permite **assumir internamente um compromisso de ajudar** essa pessoa a superar o que ela precisa superar, que é o terceiro passo. Esse compromisso, por sua vez, **despertará em nós a curiosidade gentil** de procurar saber do que ela precisa. Assim você afasta o risco de se comportar mal, como muitas organizações que se dispõem a oferecer suporte a grupos vulneráveis sem antes perguntar aos indivíduos do que eles precisam.

(Certa vez assisti a uma palestra de um líder indígena falando em português, e ele dizia: "É muito interessante, distante ou, no mínimo, estranho que vocês, brancos, queiram tanto nos ajudar, mas nós é que somos obrigados a aprender português para explicar a vocês que não precisamos do que querem nos oferecer. Porque as coisas de que precisamos não fazem parte da cultura de vocês." Com ele aprendi que antes de oferecer ajuda devemos perguntar do que o outro precisa.)

A curiosidade genuína vai nos levar de fato a um território compassivo, justamente este de reconhecer a necessidade do outro a partir do que ele diz que precisa. Uma vez que essa demanda esteja clara, olharemos à nossa volta e dentro de nós, em busca de formas de aliviar o sofrimento do outro.

Nós e a pessoa de quem cuidamos estaremos integrados. A relação compassiva não é hierárquica, e sim entre iguais, entre seres humanos. Nela, um ocupa o lugar de quem ajuda e o outro, o lugar de quem é ajudado. Observe: não ocupamos o lugar de quem *sofre*, mas o de quem *ajuda*. Compreender essa conexão inspira novas soluções, favorecendo o alívio do sofrimento. Então nos sentiremos felizes com o resultado dessa união, o que não significa que não seja desgastante ou emocionante. E será a hora de olharmos novamente para dentro e **cuidarmos de nós** mesmos.

O mais lindo da comunicação compassiva é que começamos essa caminhada conscientes de quem somos e chegamos ao final dela com uma nova consciência de quem nos tornamos a partir do encontro com a pessoa de quem cuidamos.

Na relação com os pacientes, há uma pergunta frequente que parte deles e que, na primeira vez que ouvimos, nos desconcerta. Todo ser humano que cuida de outro ser humano – seja o médico que cuida de seu paciente, o filho que cuida da mãe ou o marido que cuida da esposa – está sujeito a ouvi-la em algum momento.

Essa pergunta é: "Eu vou morrer?"

Certamente há muitas possibilidades de respostas para além do cinismo realista de "todos vamos morrer". Quando ouço essa pergunta, eu devolvo outra: "Por que você está me perguntando isso?" Esse diálogo pode render situações lindas para quem participa dele com o coração aberto. Certa vez, um paciente me respondeu assim:

"Porque estou sentindo que isso vai acontecer."

"E como é essa sensação de que a morte pode acontecer?", continuei investigando.

Foi a deixa para aquele paciente me falar de medo, de preocupações, de como ainda tinha muito por viver. Quando fazemos as perguntas certas, é como se oferecêssemos chaves para que novas portas se abram no coração e na mente da outra pessoa. Para isso, precisamos desenvolver a capacidade de perguntar, de nos interessarmos de verdade pelo que a pessoa está falando.

"Do que você tem medo?", eu quis saber, concentrando minha atenção no sentimento mais profundo – e, ao mesmo tempo, mais passível de regeneração.

"Estou com medo da morte", ele me disse.

"E de que parte da morte você tem medo? Do antes, do durante ou do depois?"

Quando fazemos essa pergunta a uma pessoa que está morrendo, nós a convidamos a entrar em um lugar onde ela possivelmente nunca esteve antes. De modo geral, mesmo sofrendo com uma doença que ameaçava sua vida, sempre que essa pessoa expressava seu medo da morte alguém lhe dizia: "Imagina, vai dar tudo certo, você está se tratando num lugar maravilhoso!" E variações como: "Ora, você tem fé? Nós estamos num grupo de oração pelo seu restabelecimento. Vai dar tudo certo."

Essa pessoa entende que precisa silenciar seu medo de morrer porque sempre haverá alguém despreparado para lidar com isso.

Se a pessoa despreparada somos nós, precisamos rever os nossos limites e aprender a escutar... a nós mesmos. Temos medo de quem? E medo de quê? Sem nos escutarmos, não seremos capazes de chegar a essas respostas nem de escutar os outros.

Quero propor um exercício. Pause por um momento a leitura, feche os olhos e tente fazer de conta que você é a pessoa que vai morrer. Como se sente diante dessa sensação? É possível que surja o medo de não saber o que fazer em uma emergência. Observe que para isso é necessário haver um sintoma. Quem é o "dono" desse sintoma? O próprio paciente, a família, os cuidadores diretos, os profissionais de saúde? O medo da morte está em quem? Quem é a pessoa que precisa ser ouvida em primeiro lugar em relação ao medo?

O medo é uma sensação reconhecida por todos, mas nunca sabemos como outra pessoa o sente. Ele pode nos levar a um lugar de evitação ou de autoproteção. A morte em geral se "encaixa" nessa segunda categoria de medo: queremos nos proteger dela, mas é inevitável que percamos pessoas amadas ao longo da vida, então precisamos nos preparar. Ninguém resolverá nosso medo por nós.

Como podemos ajudar o paciente em seu medo? A melhor resposta que já encontrei para essa inquietude é dizer: "Eu estou aqui com você." Foi a mãe de uma paciente minha que me ensinou. Diante do medo da filha, ela apenas dizia: "Não tenha medo, porque mamãe está aqui com você." Essa mãe não dizia que a filha ficaria boa, dizia apenas que ela não estava sozinha.

Outro ensinamento sábio que recebi veio do Lama Padma Samten, mestre budista e fundador do Centro de Estudos Budistas Bodisatva (CEBB). Diante de alguém com medo de morrer, podemos tentar descobrir qual é a "figura de segurança" daquela pessoa: Jesus, Buda, São Jorge, Iansã. E então dizer a ela: "Olhe nos olhos de Jesus/Buda/São Jorge/Iansã agora. Ele/ela está com você e não vai te abandonar. Nos olhos dele/dela há paz e segurança." Se a pessoa tiver muita dificuldade de visualização, pode-se recorrer a uma imagem. Isso funciona maravilhosamente bem, como pude constatar muitas vezes. É o tratamento mais perfeito que existe para pessoas que estão conscientes. E ninguém precisa de CRM para dizer isso.

Em sua jornada de adoecimento e finitude, o paciente tem medos diferentes a cada etapa: ao receber o diagnóstico, diante da progressão da doença e em seus dias finais. No entanto, o sofrimento maior que vejo no meu dia a dia de médica paliativista, cuidando de pessoas que acabaram de saber sobre a progressão da doença, é causado pela decepção. A decepção com o médico que dizia que ele ficaria curado. A decepção com a família que dizia que tudo ficaria bem. A decepção com Deus, que supostamente seria o grande parceiro em uma história de cura que não veio.

A maior dor da progressão da doença é a decepção, a desilusão. Porém, quando o paciente é desenganado, ele se liberta disso. "Desenganado", eu sei, é uma expressão malvista no meio médico, mas eu a acho redentora. O paciente desenganado não se engana mais nem será enganado. Ele vai lidar com a verdade e com a liberdade de escolher como será o tempo de vida que lhe resta, seja um ano, um mês, uma semana, um dia, o que for. A verdade dará a ele a liberdade de decidir como preencher cada um desses tempos.

Palavra
é veneno.

Palavra
é remédio.

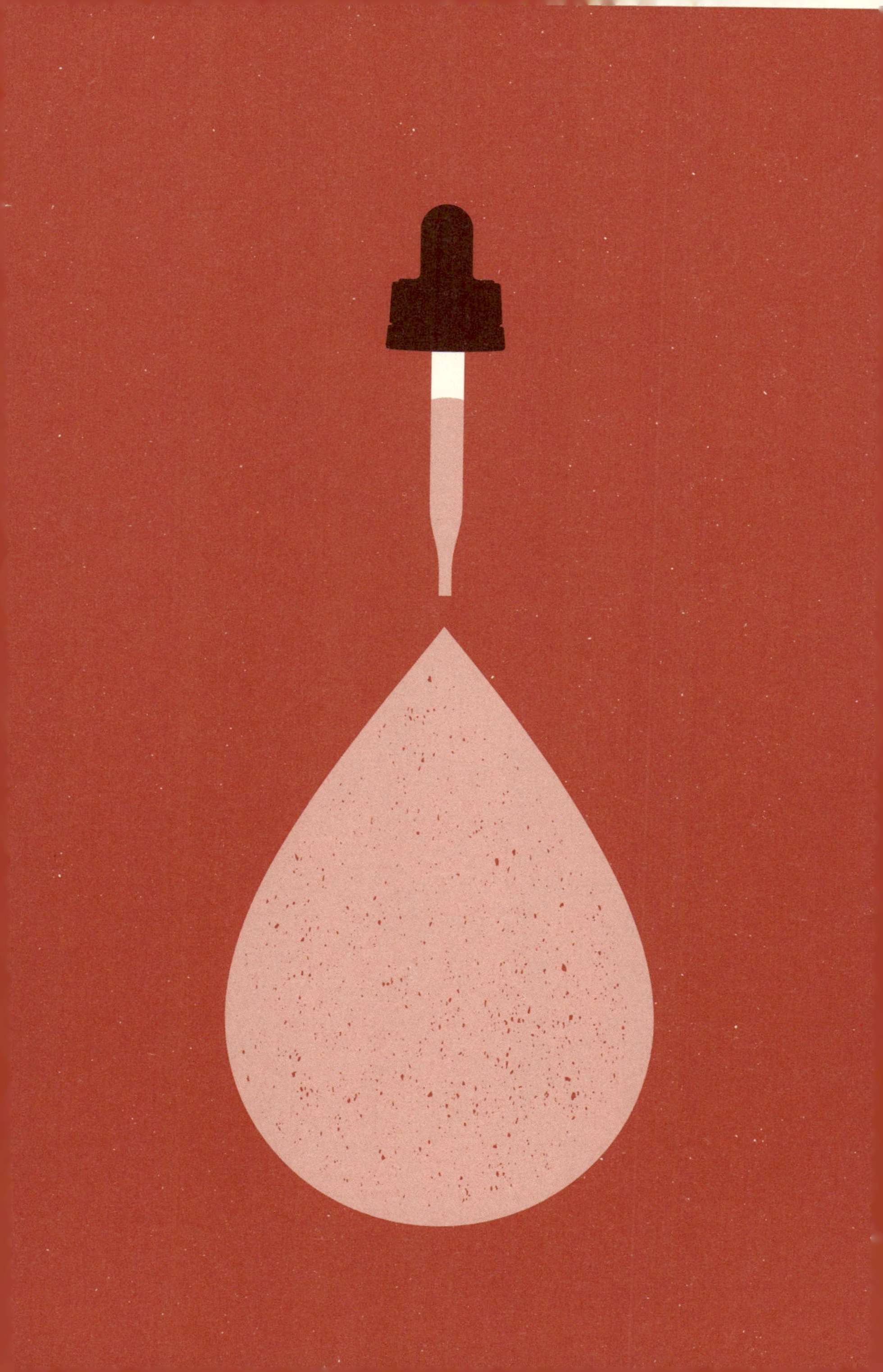

CAPÍTULO 8

A ansiedade e o sofrimento

Quando falamos sobre o tempo que se segue ao diagnóstico de uma doença que ameaça a continuidade da vida, podemos deparar com dois caminhos: a depressão, que é a dor pelo que aconteceu no passado, e a ansiedade, que é o medo do futuro. A ansiedade gera medo, raiva e angústia; a depressão traz culpa, arrependimento ou vergonha.

A ansiedade tem certo grau de funcionalidade: até determinado nível, ela promove a adaptação adequada ao sofrimento. Se eu não ficar ansiosa antes de iniciar o projeto de um novo livro, um curso ou uma aula, talvez não corra atrás das condições e dos conhecimentos necessários para que tudo saia como desejo. O que me prepara para colocar em prática minha ideia é a ansiedade de fazer dar certo.

No entanto, quando a ansiedade cresce demais, podemos perder a adaptabilidade que ela nos oferece.

A ansiedade traz alguns sintomas físicos, como palpitação, aumento dos batimentos cardíacos, tremor e espasmos musculares, falta de ar e sensação de sufocamento. Também pode ocorrer dor, desconforto torácico, náusea, tontura, vertigem, uma sensação de que nada vai dar certo ou despersonalização (percepção alterada de si mesmo). Durante uma crise de ansiedade, algumas pessoas têm medo de perder o controle, de enlouquecer e até de morrer. Não são incomuns manifestações como parestesia, calafrios, sensação de formigamento e anestesia em algumas partes do corpo.

Para uma pessoa que vive seus dias finais, a ansiedade traz muito sofrimento. Claro que a família e a equipe de cuidados também sofrem com essa condição, mas penso que a dor maior é a do paciente. A família precisará se reinventar para proporcionar o cuidado adequado e não ser mais um motivo de ansiedade.

A terapia é o melhor caminho para nós e para aqueles de quem vamos cuidar ou estamos cuidando. Houve um tempo em que fazer terapia era considerado um sinal de fraqueza; felizmente, esse conceito mudou e hoje vemos isso como um sinal de inteligência. Fico muito feliz por ter sido testemunha dessa transformação cultural. Ainda me lembro de quando o comentário "Nossa, você faz terapia?" desencadeava sentimentos de vulnerabilidade e vergonha, além de reações como "Você é fraco, mistura as coisas".

Ao nos ajudar a lidar com nossas próprias emoções, a terapia nos ensina a gerenciar as emoções dos outros e a separar o que nos pertence do que cabe à outra pessoa. Quando vivenciamos um processo de autoconhecimento responsável, sabemos perfeitamente a quem pertence cada ansiedade e cada medo. Graças a isso, somos capazes de cuidar de um jeito diferente, sem transferir ao outro a responsabilidade pelo que sentimos. Já vi muitas situações em que saber como funciona essa dinâmica significou não dar ansiolítico para o paciente, porque na verdade quem estava precisando de medicação era a pessoa que cuidava dele.

Manter contato com o sofrimento do paciente, sem precisar senti-lo em toda a sua intensidade, é um aprendizado importante para quem cuida até o fim e busca se proteger do tsunami. Em meu primeiro livro sobre cuidados paliativos, usei uma metáfora que segue válida para descrever o encontro com o outro em meio às circunstâncias da finitude. Hoje, muitos carros têm um indicador de autonomia de combustível, que mostra quanto ainda podem rodar com o que têm no tanque. Se aparecer no visor a marca de 100 quilômetros e o motorista percorrer essa quilometragem até o local desejado sem parar para abastecer, ele não terá reserva para voltar para casa. Assim como esse motorista, muitos de nós gastamos todo o nosso combustível apenas para ir na direção do outro. Quando conhecemos nossa autonomia, dirigimos 50 quilômetros e voltamos para casa. Isso significa que precisamos parar antes de chegar ao nosso limite. Precisamos saber onde fica a metade do caminho.

Suponhamos que você seja o único médico (ou o único cuidador, o único filho) e tenha que estender o limite do seu plantão porque o profissional que o substituirá se atrasou. Se identificarmos a necessidade de passar do nosso limite, teremos que estudar o caminho para encontrar pontos de reabastecimento de energia. Se estivermos de carro dirigindo aqueles 100 quilômetros, teremos que perguntar ao aplicativo onde fica o posto de gasolina mais próximo, pois será preciso parar para abastecer. Na vida, nem sempre temos a opção de usar apenas a nossa autonomia. Se você é o único cuidador do seu pai ou da sua mãe, não dá para dizer "Ah, não tenho combustível suficiente" e voltar para casa.

Então, onde você vai parar para recarregar suas baterias, encher o tanque do carro? Para muita gente, esse posto/porto é onde estão os amigos mais próximos, ou mesmo um animal amado. Talvez seja possível "reabastecer" em um passeio na natureza. O importante é construir uma rede de apoio, especialmente quando se é o único cuidador. Se esse único cuidador não cuidar de si, ele pode se desgastar a ponto de adoecer ainda mais do que a pessoa que está doente.

Pequenas pérolas no cuidado com o paciente

Quando se está cuidando de alguém – e isso vale também para tempos que não sejam de finitude – é bom saber que as técnicas ajudam, mas não devem nos escravizar. E todas precisam estar associadas a uma responsabilidade humana.

Não se dá banho em uma pessoa adoecida ou fragilizada com a janela ou a porta aberta. Não se troca uma fralda falando do jogo de futebol ou da novela. São situações muito constrangedoras para o paciente. Buscar distração ou fingir que nada está acontecendo não ajuda. Atenção, concentração e gentileza mostram respeito pelo paciente e empenho em ajudar.

Pedir licença é o básico do básico: para entrar no espaço onde está o doente, para tocar seu rosto e ajustar a cânula do oxigênio, para abrir o pijama e verificar uma escara, um cateter. Temos que reverenciar aquele templo, por mais frágil que ele esteja. Fezes, urina, secreções e fluidos corporais fazem parte da nossa humanidade, e precisamos respeitar tudo isso como quem limpa um templo sagrado.

Existem técnicas para fazer curativos. Não se deve aplicar sobre uma ferida nenhuma substância que não seja segura e que não tenha sido recomendada por um profissional de saúde. Muitas vezes pacientes ou familiares compartilham comigo técnicas ou receitas caseiras para cuidar de feridas ou medicar certas condições. "Minha vizinha/o farmacêutico da esquina/meu xamã disse que funciona", justificam.

Diante de uma situação como essa, eu costumo perguntar: se houver uma complicação grave causada pelo uso dessa medicação, a pessoa que a indicou vai saber como resolver? Se ela não souber, melhor não seguir a orientação, porque caso dê certo, será uma maravilha, mas, se der errado, ela não vai se responsabilizar pelo cuidado e muito menos conseguir solucionar qualquer reação adversa. Situação bem diferente de uma orientação médica: se eu, Ana Claudia, prescrevo um medicamento que produz algum efeito colateral, sei orientar meu paciente sobre o que fazer.

A sabedoria popular pode, sim, entrar como terapia

complementar – desde que alguém se responsabilize pelas consequências. Se der errado, quem vai tratar? Certas coisas que não fazem mal podem fazer muito bem, mas há substâncias e procedimentos caseiros que, se não forem aplicados com consciência, podem causar problemas sérios.

O momento da alimentação é crucial, e alguns cuidados são muito importantes para evitar complicações: o paciente deve permanecer sentado, não pode estar com a cabeça tombada nem sonolento. Se estiver na cama, a inclinação mínima para se alimentar deve ser de 45 graus. Dar comida a um paciente deitado pode trazer consequências graves, até mesmo matá-lo. Isso inclusive vale para a oferta de água: sentado, nunca deitado.

O paciente que está se alimentando com sonda não pode ficar completamente deitado. Pode já ter acontecido, talvez o cuidador não tivesse essa informação, mas a partir deste momento, desta página, nunca mais: para receber a dieta ele deve estar em decúbito elevado, com pelo menos 45 graus de inclinação, e com a cabeça elevada. Depois que tiver recebido a dieta, não se deve tirá-lo dessa posição imediatamente para dormir; convém esperar no mínimo 90 minutos. Se ele quiser cochilar na cadeira, coloque um travesseiro para firmar a cabeça, faça um rolinho com um lençol ou uma manta e o posicione nas costas, na altura das escápulas; deixe-o confortável, mas tão ereto quanto possível.

A sonda leva muita coisa para dentro do estômago. Um paciente deitado pode ter refluxo e broncoaspirar (quando o conteúdo gástrico vai para o pulmão ou para a traqueia; ele pode engasgar do mesmo modo que engasgaria se tivéssemos lhe dado comida na boca).

Todos esses passos no dia a dia da alimentação podem proporcionar conforto com mais segurança para quem está cuidando de alguém e também para quem está sendo cuidado. Infelizmente essas orientações muitas vezes não são dadas ou não são cumpridas de maneira adequada.

Onde você se refaz?

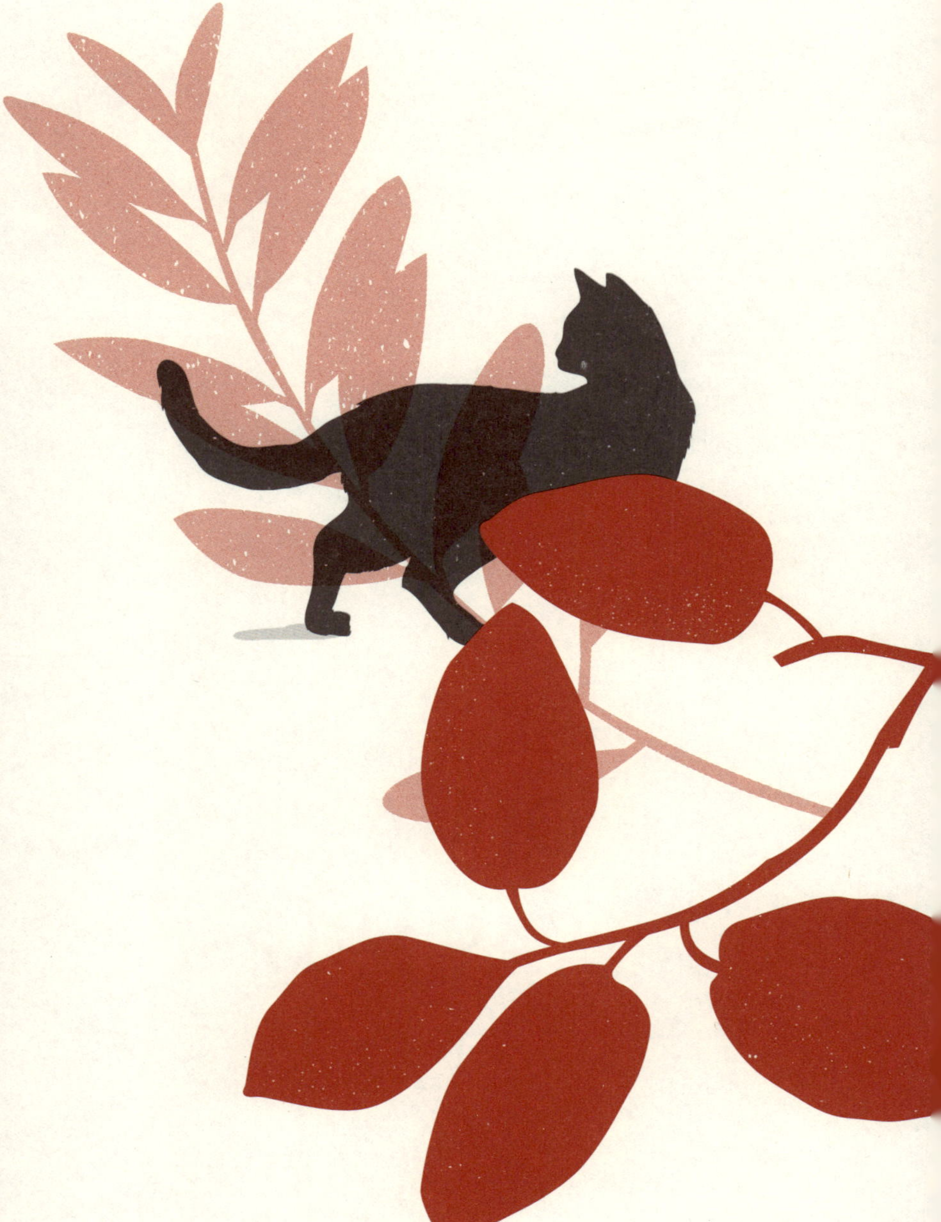

CAPÍTULO 9

Como é o morrer?

Quando um médico está cuidando de alguém em seus últimos tempos de vida, deve conversar com a família a respeito, mas sem obrigar todos a saberem de tudo o tempo todo. No entanto, à medida que a morte efetivamente se aproxima, costumo dizer aos familiares que preciso partilhar com alguém como será a jornada do paciente até o último suspiro e faço a pergunta mais dolorida: quem quer saber como é morrer? Quem quer receber as grandes e pequenas orientações sobre como agir quando o evento final se aproximar?
Nem todo mundo quer.
Na realidade, pouca gente quer. Às vezes a família é numerosa, mas só uma pessoa tem estrutura para ouvir. Às vezes ninguém tem. Nessas situações, recomendo que construam a coragem de querer saber. Porque na hora que estiver acontecendo, alguém terá que saber o que fazer. Diante do caos, alguém precisará saber para que lado fica o farol. Diante da grande onda se formando no horizonte, alguém tem que saber onde fica o lugar seguro. O lugar seguro é aquele que nos proporciona a paz de estar onde estamos, e já vou avisando que esse lugar pode ser bem no olho do fu-

ração – aquele espaço pacífico em que está tudo parado, de onde vemos objetos passar voando por nós, galhos, telhas, placas de rua, sem nos atingir.

Para nós, médicos e outros profissionais do cuidado, como as doulas da morte (que chamamos de sentinelas) é fundamental cultivar a habilidade de fazer esta pergunta antes de começar a abrir a boca e sair falando.

Quem quer saber como vai ser?

Então, é preciso explicar com compaixão e numa linguagem que nosso interlocutor será capaz de compreender, sem jargões, sem a vaidade de exibir o próprio conhecimento.

O meu modo de fazer isso é recorrendo à dissolução dos elementos que compõem o nosso corpo: busco inspiração na cultura oriental para explicar que somos feitos de Terra, Fogo, Água e Ar e, assim, contextualizar como se dá o processo ativo de morte. Nessa metáfora, a Terra é o nosso corpo; o Ar, nossa respiração; o Fogo expressa o nosso melhor à beira do fim; e a Água marca um novo parto.

O Ar entra no nosso corpo logo que saímos da barriga da nossa mãe – um empréstimo de Deus, de Brahma, do Universo, chame como quiser – para que possamos cumprir a nossa missão neste mundo. E será o último a se desvanecer, no nosso suspiro final.

O primeiro elemento que se dissolve é a Terra, o corpo, num fenômeno marcado por duas características indiscutíveis: a imobilidade e a fraqueza. O paciente pode pesar 30 quilos, mas, ao vivenciar a dissolução da Terra, terá a sensação de que carrega 5 toneladas. É como se o corpo se fundisse com o mundo, e mobilizá-lo fosse tão pesado quanto empurrar o planeta. Da mesma forma, o paciente é tomado por uma fadiga imensa. Nesse cenário, é comum que o cuidador acredite que, se derem ao doente algum soro ou alimento, a debilidade física será revertida ou amenizada. Mas a fraqueza não está relacionada à falta de nutrientes. Está relacionada à morte, porque ninguém morre forte, só quem é assassinado ou morre de uma causa súbita. Nesses dois casos não dá tempo de enfraquecer aquele corpo, como ocorre durante um longo adoecimento.

Depois da dissolução da Terra ocorre a dissolução da Água, uma fase marcada pela introspecção. O paciente fica mais pacífico e reservado, silencioso, às vezes até mantém os olhos fechados. Ele está num profundo mergulho interior. Para reconhecer todas as etapas do que viveu nessa existência, ele vai em busca da essência da vida. Do ponto de vista prático, há uma redução do volume de líquidos no corpo, de modo que a pessoa fica sem lágrimas, com a boca seca, menos secreção gastrointestinal e faz menos xixi. Para quem está morrendo, é mais confortável estar discretamente desidratado. Entretanto, não é o que se verifica nas UTIs, onde, de modo geral, o paciente recebe muita hidratação por conta dos vários remédios prescritos e também pela ilusão de reverter o processo através de soro intravenoso.

A expressão da essência que a pessoa buscava na fase da Água se dá por meio da dissolução do Fogo. Nesse momento o paciente começa a mostrar o que há de mais bonito dentro dele. A nível celular, é como se cada uma das células tomasse consciência de que seu tempo está acabando e se empenhasse em mostrar o melhor de si. Por vezes o paciente melhora tanto que parece nem estar doente. É a famosa visita da saúde, a última chama da vela, quase um esplendor antes da morte.

Quando um paciente entra nessa etapa, é tentador, tanto para familiares quanto para profissionais de saúde, fantasiar que o corpo está lutando para superar a condição que o acomete. Mas não se trata de uma luta do corpo, porque não existe luta, existe uma jornada. Interpreto essa melhora como uma manifestação simbólica da nossa expressão no mundo; cada pedaço de nós está determinado a deixar sua mensagem, de que tudo funcionou muito bem, antes de morrer.

Depois que o paciente expressa a sua essência, em geral começa a dissolução do Ar, tempo em que o sopro vital que nos foi emprestado no nascimento é devolvido ao Universo porque nossa missão se cumpriu. A respiração fica estranha: ora rápida, ora devagar, então pausa, torna-se profunda, depois superficial, como no trabalho de parto. E na realidade creio que é mesmo um trabalho de parto – o parto da alma. Não é incomum que nesse momento ocorra algo singelo: uma lágrima cai, mesmo que o paciente esteja desidratado e vivenciando um processo de morte absolutamente natural. Não sabemos de onde vem aquela lágrima derradeira. Gosto de pensar que ela representa a hora em que nasceu essa alma, sendo o último suspiro o ponto final naquela história terrena. A missão está completa.

Essa pode ser uma fase assustadora para quem cuida, e muitos médicos – às vezes por pressão dos familiares – indicam o uso de oxigênio para estabilizar a respiração. Penso que isso traz conforto à família e até aos profissionais de saúde, mas lembro que um paciente que está recebendo os cuidados paliativos adequados não sente o incômodo da dissolução do Ar. Se ele está sereno, não geme nem aperta os olhos ou faz caretas, é sinal de que está confortável. E às vezes, quando colocamos a máscara de oxigênio, o ruído pode impedir que a pessoa ouça as palavras de despedida de seus entes queridos. Também há risco de ressecar e ferir as narinas. Se o paciente está consciente, mas ocorre queda nas medidas da oxigenação do sangue e ele manifesta incômodo com a falta de ar, a situação pode mudar e a suplementação de oxigênio pode trazer alívio. Cada caso deve ser avaliado com profissionalismo e compaixão.

Os cuidados nesse tempo de finitude devem se basear nas necessidades do paciente, que podem mudar muito rápido, assim como a habilidade das famílias para lidar com novos cenários. Se há uma equipe de paliativistas acompanhando o desenrolar daquela história, ela deve permanecer muito atenta às demandas por orientação e reorientação à luz do que está de fato ocorrendo. O ideal seria que se antecipasse às informações sobre a evolução do quadro, principalmente se a escolha for por morrer em casa. Na morte domiciliar não há um posto de enfermagem logo ali a quem os familiares possam pedir socorro ou perguntar o que está acontecendo. Portanto, é preciso saber de antemão o que está ocorrendo e o que virá a seguir. A informação correta e na justa medida inspira mensagens como estas, que recebi em meu celular: "Doutora Ana, ele está tão bem hoje, pode ser a dissolução do fogo." Ou: "Está agora tão quieto, acho que logo vai melhorar, né, porque deve estar na dissolução da água."

Se o médico oferece informações à família ou ao cuidador, constrói um espaço de segurança em que etapas são reconhecíveis e passos podem ser seguidos. No célebre caminho de Santiago, na Espanha, o peregrino vai encontrando sinais de outros que fizeram aquela caminhada, o que é ao mesmo tempo encorajador e reconfortante. Mesmo que o percurso pareça inóspito, alguém já esteve ali antes e deixou sua marca.

Tive o privilégio de testemunhar muitas vezes o processo de dissolução dos elementos em pacientes que aprendi a respeitar e até a amar, amparando-os em seus dias finais e trabalhando para que sua morte fosse uma experiência serena, num ambiente de afetos e segurança. Com Ana Beatriz, a mulher de Florianópolis que queria aprender a morrer, tive alguns dos aprendizados mais lindos da minha história como médica. Em março de 2018, um ano e quatro meses depois do nosso primeiro encontro naquele evento, Beatriz teve uma progressão da doença e entrou em processo ativo de morte. Começou, como deve ser, com a dissolução da Terra: sentia imobilidade e muita dificuldade para sair da cama, de modo que se mudou para um quarto no andar térreo da casa onde morava. Percebeu ainda que estava cada vez mais difícil ficar acordada por muito tempo, consequência de uma fadiga importante. Descobriu-se anêmica, e seu corpo já não respondia mais à transfusão, que no início lhe fazia tão bem.

Sem qualquer perspectiva de melhora, Ana Beatriz extraiu o máximo dos cuidados paliativos exclusivos. Viajei algumas vezes a Florianópolis para cuidar dela, mas estava em São Paulo quando recebi, pelo WhatsApp, um áudio em que ela apenas me perguntava: "Você vem pra cá?"

Entendi a mensagem. "Vou. Você acha que dá para me esperar?" Sem perceber, suspendi a respiração e só voltei a expirar quando li sua resposta: "Eu vou dar um jeito. Não quero ir embora sem te ver."

Essa troca de mensagens aconteceu numa segunda-feira, mas só na quinta consegui viajar. Fui acompanhada da então repórter da revista *Veja* Adriana Dias Lopes e do fotógrafo Egberto Nogueira; Adriana havia entrevistado Beatriz e se encantado com sua força e sabedoria, e tinha pedido permissão para viajar comigo e se despedir daquela a quem já considerava uma amiga. Beatriz não apenas permitiu que fossem, como ainda concedeu a Adriana sua última entrevista, uma aula magna de saber viver. Também presenciamos sua dissolução do Fogo: narrando sua travessia, Beatriz cintilava, como se nada – absolutamente nada – a incomodasse.

No dia 24 de março às 2 da madrugada ela partiu. Ainda guardo uma foto de nossas mãos dadas, tirada quatro dias antes por sua prima e enfermeira, Sandra, no momento em que me despedi para voltar a São Paulo. Todas as vezes que contemplo essa imagem penso neste texto de Rabindranath Tagore:

> *"Não me deixe rezar por proteção contra os perigos, mas pelo destemor em enfrentá-los.*
> *Não me deixe implorar pelo alívio da dor, mas pela coragem de vencê-la.*
> *Não me deixe procurar aliados na batalha da vida, mas a minha própria força.*
> *Não me deixe suplicar com temor aflito para ser salvo, mas esperar paciência para merecer a liberdade.*

> *Não me permita ser covarde, sentindo sua clemência apenas no meu êxito, mas me deixe sentir a força da sua mão quando eu cair."*

A síndrome do "Já que..."

A experiência da dissolução dos elementos só costuma variar quando interferimos no processo. Pacientes que estão na UTI dificilmente conseguirão passar pela dissolução da Água, pois estarão permanentemente hidratados (o que pode ser bastante desconfortável, como vimos). Da mesma forma, se a pessoa estiver internada e não houver nenhum profissional que saiba identificar a dissolução do Fogo, uma possível melhora pode ensejar exames ou terapias que não trarão benefício algum. Digo que é a "Síndrome do Já que…": já que o paciente melhorou, vamos tentar mais uma sessão de quimioterapia, ou uma nova cirurgia, uma ressonância, quem sabe. Em vez de utilizar o tempo de melhora para lapidar suas relações afetivas, ele será submetido a mais uma intervenção dolorosa e inútil.

No processo ativo de morte, não há um tempo médio para as dissoluções, mesmo que o paciente esteja recebendo cuidados em casa, sem interferências. Alguns demoram dias em dissolução do Ar, enquanto outras pessoas entram nessa fase às 9 horas da manhã e às 10 dão o último suspiro.

Quando estamos cuidando de alguém em sua fase final, em especial se a morte está muito perto, a sensação é de um tempo eterno. O doente pode ter pleno amparo em seu sofrimento e estar confortável, mas quem cuida vivenciará a dor antecipada da perda daquele ente querido. Muitas vezes já ouvi de pessoas imersas nessa dor: "Doutora, isso não pode ser mais rápido?"

Não, não pode. Dura o tempo que tiver que durar. O que pede ajuste é a nossa tolerância, a forma como suportamos aquele tempo eterno ao lado do paciente. O copo meio cheio e o copo meio vazio pesam exatamente o mesmo; o que muda é a nossa percepção. De alguma forma, teremos que buscar dentro de nós os recursos para sustentar o peso inefável da nossa dor.

Caminhar seu caminho é vencer.

CAPÍTULO 10

Futilidades

No esforço para oferecer os melhores cuidados a uma pessoa em seu tempo de finitude, é natural que quem cuida use como parâmetro seu próprio bem-estar. No entanto, o que é válido para o cuidador nem sempre favorece quem está vivendo seus últimos dias.

Não adianta nos assustarmos porque o doente não quer comer. A verdade, como já mencionei, é que a alimentação não trará mais nenhuma forma de regeneração àquele corpo adoecido. Nós nos alimentamos para repor as nossas perdas calóricas, musculares e celulares. Temos tempo de vida para produzir mais células, mais sangue. No caso de alguém em seus dias finais, porém, não há motivos biológicos para manter a produção de substâncias que não serão utilizadas. O corpo diz não para a alimentação porque ela não é mais necessária. Portanto, nunca pense que, se a pessoa não se alimentar, vai morrer de fome. Morre de fome quem sofre de inanição. Uma pessoa com doença grave em fase terminal morrerá da enfermidade que causou a falta de apetite. Nesse sentido, interromper o uso de sonda para alimentação é uma ação ética quando está de acordo com a vontade do paciente, cuja autonomia deve ser respeitada.

O uso de medicamentos tampouco influencia o tempo de vida.

No processo ativo de morte, sobretudo se o paciente não teve acesso a cuidados paliativos antes, é comum os familiares relacionarem a morte à introdução de drogas como a morfina, um remédio potente para dores potentes. "Esse remédio está acelerando o fim", dizem. Quando a morte finalmente chega, acreditam que foi a morfina que matou o paciente, mas sabemos que a causa da morte foi a doença; a morfina apenas tornou o processo menos doloroso.

Medicamentos que tiram a dor não aceleram a morte, especialmente se forem prescritos por médicos que sabem o que estão fazendo e ofertam a dose correta para dar conforto a uma pessoa que está morrendo. O bom profissional vai calibrar a dosagem até obter o controle da dor, desde que o paciente não tenha efeitos colaterais desagradáveis – nesse caso, troca-se o remédio, e há drogas muito mais poderosas do que a morfina. Para quem está cuidando de uma pessoa em final de vida, é apaziguador saber que 90% das dores humanas físicas se resolvem com medicamentos e apenas 10% vão demandar intervenções como bloqueio anestésico ou um procedimento de neurocirurgia. A hora de usar a morfina é quando a pessoa relata dor de nível 10, o máximo na escala que começa em zero – ou seja, a pior dor que já experimentou.

Nos últimos dias de vida, é comum que o paciente se sinta confuso e sonolento. Se ele estiver bem cuidado, ficará mais sereno e até desperto. Porém, mesmo quando está sonolento ou sedado, não devemos perder a chance de falar com ele, porque o sentido da audição é o último que desliga (o tato também é duradouro). É grande a chance de que nos ouça, talvez em um estado de consciência que impeça o discernimento do que está sendo dito; no entanto, o tom de voz, o acolhimento e a amorosidade serão reconhecidos. É como um bebê que acabou de nascer e escuta a voz da mãe. Ele ainda não entende a linguagem, mas percebe como está sendo dito, identifica o tom da voz materna e se acalma.

Tratamentos fúteis – aqueles que sabidamente não trarão qualquer benefício para o paciente – devem ser avaliados cuidadosamente, porque, em alguns casos, mesmo que administrados com a melhor das intenções, podem acelerar o processo da morte.

Em seu extremo, esses tratamentos podem ser considerados *distanásia*, que é todo procedimento de intervenção diagnóstica e terapêutica que promove o prolongamento ou o aprofundamento da experiência de sofrimento. Alguns exemplos: quando o paciente é levado para a UTI sem ter a menor chance de sair dela, quando entra na diálise sem chance de se beneficiar ou é submetido a exames complementares de imagem, de sangue e outros, que permanecem internados para resolver um problema insolúvel. Distanásia é o uso obsessivo de recursos, resultando no aumento do sofrimento do paciente.

É diferente quando o paciente está em uma condição respiratória muito grave e a equipe médica indica a intubação para dar tempo de aquele pulmão se recuperar. Esse não é um procedimento fútil. No entanto, colocar o paciente num aparelho respirador para substituir definitivamente a função do pulmão é fútil. O procedimento só será indicado se permitir a regeneração do órgão que ele ajuda a funcionar.

Tratamentos fúteis são como uma varanda debaixo da janela do banheiro. Para que servem? Para nada. Se não servem para nada, não devem ser feitos. "Ah, vamos intubar, já que o convênio cobre. É adequado o paciente com insuficiência respiratória estar no tubo." Adequado para quem, se já não há possibilidade de restaurar a função pulmonar? O pulmão pode ter indicação de tubo, mas o dono do pulmão, não.

Quem está cuidando de uma pessoa em seu tempo final sempre deve estar atento ao sofrimento causado pelos tratamentos inúteis e se preparar para fazer perguntas difíceis à equipe médica, como "De que serve colocar meu pai na UTI? Ele vai voltar à vida se for para a UTI?". Já ouvi de profissionais de saúde respostas do tipo "Ah, a gente tem que acreditar em milagres". Mesmo que acreditemos em um milagre, na maioria dos casos terá que ser um milagre-raiz. Certa vez, uma enfermeira me disse: "Doutora Ana, Lázaro foi ressuscitado." Lembrei a ela que Lázaro ressuscitou depois de morto. Não foi para a UTI, não foi intubado, não fez diálise, não foi reanimado; morreu e reviveu. Quem está disposto a esperar um milagre depois da morte?

Oferecer todo tipo de futilidades e procedimentos agressivos a um paciente que não tem condição de usufruir disso é uma prática que precisa parar de acontecer. O pai de uma aluna minha, vivendo seus dias finais em decorrência de um câncer, foi levado para a UTI após desenvolver um problema renal. Foi uma situação que encheu a família de angústia. Ainda que ele se recuperasse da doença renal, morreria do câncer em breve, então qual era o sentido de submetê-lo, lúcido e consciente, ao ambiente hostil de uma UTI? Quando a família tentou argumentar, ouviu comentários pesadíssimos da equipe médica, na linha "Você quer matar seu pai". Felizmente minha aluna teve presença de espírito para explicar que o câncer é que levaria seu pai deste mundo e para expor o desejo do doente, e da família, de que a morte ocorresse em uma situação de dignidade.

A meu ver, desaconselhar ou até suspender tratamentos fúteis que só prolongam o sofrimento de um ser humano é uma conduta profundamente ética e compassiva.

Por fim, cabe um comentário àqueles que ainda associam cuidados paliativos à eutanásia.

Eutanásia é uma situação em que o paciente deseja morrer e mora em um país onde é legal ser submetido a um procedimento que lhe tire a vida. Em geral, ele recebe uma injeção com um conjunto de medicamentos em doses letais. Mesmo nos países onde a eutanásia é permitida, esse paciente só terá acesso a ela se tiver uma doença muito grave e considerar seu sofrimento insuportável. Para obter autorização, ele precisa estar lúcido, consciente, sem qualquer sinal de depressão. No Brasil, a prática é ilegal, ou seja, é considerada homicídio doloso, embora haja atenuantes por compaixão.

Durante muitos anos, sendo uma das poucas vozes em defesa dos cuidados paliativos no Brasil, fui convidada a participar de mesas de congressos em que se analisava a indicação de eutanásia, esperando que eu defendesse a prática. Quando eu explicava que a natureza dos cuidados paliativos vai justamente em oposição à ideia da eutanásia, sempre havia surpresa. "Eutanásia é a eliminação do sofredor, enquanto o cuidado paliativo é o alívio do sofrimento. Entre o alívio e a eliminação, estou mais para o alívio", eu dizia. Com o tempo, acabou virando um bordão.

A verdade é que não sou contra nem a favor: não cabe a mim dizer a um paciente que deseja a eutanásia que isso é um absurdo, porque não sei o peso do fardo que ele carrega. Eu não faço eutanásia. Se esse procedimento fosse liberado no Brasil, ainda assim provavelmente eu não faria. Não percebo em nossa sociedade maturidade humana para discutir um tema tão complexo. Lembro que em nosso país apenas 0,3% da população que precisa de alívio para o sofrimento recebe algum tipo de cuidado paliativo. Ainda não vejo espaço para uma discussão sensata, lúcida, consciente e responsável acerca de cuidados paliativos, que dirá sobre eutanásia. É como dar aulas de pós-graduação em astrofísica para crianças do maternal.

Só poderemos entrar num debate honesto quando pelo menos 90% dos brasileiros tiverem acesso a cuidados paliativos diante de uma doença que ameaça a continuidade da vida. Em geral, quem defende o direito à eutanásia tem muito mais condições de escolha sobre como viver antes de morrer do que a maciça maioria da população do país que habita.

Além disso, como regra, é preciso ter muito cuidado com a defesa do direito de morrer por condições consideradas indignas. Em 1933, Adolf Hitler editou uma lei para prevenção de doenças hereditárias, permitindo a eliminação de pessoas acometidas por loucura, epilepsia, surdez, cegueira e alcoolismo. Instalaram-se câmaras de gás nos hospitais públicos da Alemanha. Com base nessa lei, foram assassinadas 375 mil pessoas. Quando afirmo que não existe maturidade para defender o direito de morte por eutanásia, é a isto que me refiro: ao fato de que, na opinião de alguém que não o paciente, aquela vida não vale a pena e pode ser eliminada.

A morte é a nossa maior experiência de decisão sobre renunciar ao controle. Entregar o controle, deixando claro para quem cuida qual é o nosso limite, pode ser a única decisão que precisamos tomar. Decidir como será a nossa cena final pode ter mais relação com tudo o que fizemos ao longo da vida, e não se limitar a escolher como será o nosso último suspiro.

Eu trabalho para que meus pacientes tenham direito à *ortotanásia*: o respeito pelo tempo da morte. Trabalho para que eles recebam todos os cuidados para aguardar esse tempo com a serenidade possível, sem dor, sem incômodos. Infelizmente, o que ainda acontece com a maioria dos brasileiros é a *mistanásia*, que é praticamente a total ausência de cuidados. Eles não têm acesso a diagnóstico, a nenhum tratamento, e muitas vezes nem sequer obtêm uma consulta ou um exame para avaliar a gravidade atual de sua doença de base. Já perdi a conta de quantos pacientes atendi cujas doenças foram decretadas irreversíveis porque os médicos não tinham agenda para cuidar deles ou porque não era possível fazer exames que possibilitariam o diagnóstico e a cura. Quem se interessa por eutanásia dificilmente participaria de uma passeata em favor do direito à vida de uma pessoa com menos acesso a cuidados de saúde.

Por fim, quando morre um ser humano? Quando todos os órgãos vitais param de funcionar – algo indiscutível, que se sabe desde sempre. Hoje também avaliamos a morte cerebral, e isso permite que, mesmo com o coração e o pulmão funcionando, o paciente seja considerado morto. A morte cerebral abre caminho para o processo de doação de órgãos.

Mas, simbolicamente, a morte de um ser humano pode acontecer quando ele perde a capacidade de estar presente na própria vida e se torna o que chamo de zumbi existencial. A ele só falta enterrar fisicamente porque já tem um comportamento de quem morreu; é incapaz de ter consciência do mundo à sua volta e de interagir adequadamente com ele.

Quando eles querem morrer

Sabemos que a taxa de suicídio entre idosos é superior à da população geral no Brasil, com média de 7,8 casos a cada 100 mil habitantes, contra 5,3 a cada 100 mil no grupo geral. A taxa é mais elevada entre aqueles com 80 anos ou mais. Não conheço estudos sobre suicídio na terminalidade, mas não acredito que o cenário seja mais otimista.

Mesmo quando sabem da minha posição sobre eutanásia, muitos pacientes a quem atendo expressam seu desejo de morrer logo. Estão cansados das dores, das doenças, das articulações que rangem e limitam movimentos, da solidão e das perdas de familiares, amigos, capacidades. Quando um paciente idoso manifesta esse desejo, procuro conduzir uma conversa acolhedora, oferecendo uma escuta atenta e compassiva e fazendo as perguntas que considero mais adequadas. Quero compartilhar com você esse conhecimento e, com isso, tentar ajudar pessoas que cuidam de outras pessoas em tamanho sofrimento, seja físico ou psíquico, que pensam em tirar a própria vida. Algumas das perguntas que faço são estas:

- Por que você quer morrer neste momento? O que significaria morrer agora?
- O que significa essa doença para você? O que aprendeu com ela?
- Como a sua família aprendeu a lidar com a sua doença?
- O que te leva a desejar a morte?

Meu objetivo ao formular essas perguntas é fazer a pessoa conversar sobre o assunto. O desejo de permanecer vivo pode resultar de uma conexão muito importante com algum ser humano ou animal, do senso de responsabilidade, da ligação com experiências consideradas vitais, como estar perto da natureza, ou simplesmente de usufruir a sensação boa de estar respirando quando o corpo não manifesta dores ou desconfortos significativos.

Sempre tento trazer à tona a questão da importância da coragem de se entregar ao próprio caminho. De um jeito ou de outro, a morte vai chegar, e evocar essa verdade, por mais paradoxal que pareça, pode tranquilizar a pessoa. A morte não vai deixar de aparecer para ela nem para qualquer um de nós, mas pode chegar em um tempo em que aquela pessoa, e quiçá nós mesmos, estejamos mais preparados para recebê-la.

Dias delirantes

No tempo final, a dor é um sintoma desafiante, mas além de drogas potentes podemos recorrer a métodos não medicamentosos: calor local, massagem, aromaterapia, musicoterapia, técnicas de relaxamento. Há muito a ser feito além da medicação para controlar a dor, a falta de ar, os sintomas físicos em geral.

E quando o paciente apresenta alterações de comportamento ou confusão mental, como devemos interagir?

O nome técnico dessas alterações é *delirium*: uma perturbação mental aguda em decorrência de uma doença física, que tanto pode ser uma infecção quanto a progressão de um câncer, um sangramento, uma anemia. Também chamamos de estado confusional agudo, psicose sintomática ou síndrome cérebro-orgânica: são sinônimos. Popularmente, dizemos que o paciente "não está falando coisa com coisa". Para 59% das famílias, segundo um estudo realizado pelo médico T. Morita, esse estado sinaliza a proximidade da morte. Cinquenta e dois por cento associam o sintoma a um desejo não expresso, para 45% se trata de um quadro de sofrimento, para 31% é parte do processo de morrer e uma em cada quatro acha que é um estado onírico. Apenas 7% dos familiares acham que é uma experiência boa e bem-vinda.

Trago esse dado para mostrar que para a maioria das pessoas é mais fácil lidar com a dor ou outro sintoma físico do que com a confusão mental ou a desorientação do paciente. Há pessoas que não suportam conviver com um ente querido que parou de reconhecê-las ou que não sabem onde estão. Quem tem histórico de doença psiquiátrica na família talvez me entenda melhor. É muito difícil lidar com uma pessoa que amamos muito, mas que olha para nós com expressão de terror por achar que vamos machucá-la. Ou que não sabe mais quem nós somos.

No papel de cuidar até o fim, o que devemos fazer, além de ministrar a medicação que provavelmente o médico dará? As seguintes providências simples podem ajudar:

- Evite a hiperestimulação. Ficar tentando convencer o paciente de que ele sabe onde está, e brigar com ele se a resposta não for correta só vai deixá-lo ainda mais aflito e ansioso. Não entre em polêmicas.
- Mantenha o quarto tranquilo, com a presença de pessoas e objetos conhecidos. Cuide para que a iluminação esteja adequada. Se possível mantenha as janelas abertas e não deixe nada na penumbra.
- Ofereça alguma forma de orientação temporal visível, colocando um relógio e um calendário próximo do paciente.
- Permita a presença de familiares.
- Esteja atento ao risco de queda.

Quando o médico passa a visita no hospital, é natural e esperado que ele pergunte se o paciente sabe onde está, indague sobre o dia da semana ou a hora. Não é incomum que a família ou o cuidador preste atenção nessas perguntas e passe o dia inteiro tentando fazer o paciente decorar as respostas, de modo que, quando o médico passar de novo, ele saiba o que deve dizer. Isso só piora o quadro. Não discuta com o paciente. Se ele disser, por exemplo, que não está em casa, podemos perguntar: "Como é a sua casa?" Faz bem ao paciente descrever aspectos do lugar que ele considera seu lar, muitas vezes o local para onde quer voltar. Pode ser que ele fale de uma moradia da infância, e tudo bem: acolha essas memórias, converse mantendo o tom de voz sereno e delicadamente curioso, sem, no entanto, alimentar as alucinações do paciente.

Eu me lembro da vez em que fui atender uma senhora que estava vendo um cavalo. Todos ao redor brigavam com ela, tentando convencê-la de que não havia cavalo algum no quarto. E a senhora ficava cada vez mais agitada. Quando passei para examiná-la e tentar identificar a causa daquele quadro de *delirium*, ela me reconheceu e foi logo informando:

"Doutora Ana, tem um cavalo aqui no quarto."

"Ele está te incomodando?", perguntei.

"Não, por mim tudo bem ele ficar."

"Por mim tudo certo, também." Sorri para ela. "Agora, será que eu posso te examinar?"

Não houve guerra comigo. O que eu não podia era falar "Nossa, mas que cavalo bonito, branco, olha que incrível. Ele é tão bonzinho, né? Vamos dar uma volta nele?" Não podemos interagir com as alucinações, seja na condição de médicos, seja na de cuidadores. Tampouco podemos negar que a pessoa esteja vendo alguma coisa que ela afirma estar vendo. A pergunta que devemos aprender a fazer é: "Está te incomodando?" Se a resposta for sim, tratamos, levando em conta o sofrimento associado ao sintoma e o contexto de espiritualidade que possa estar em jogo naquele momento. Ao mesmo tempo, essa pergunta revela quem de fato se sente incomodado com os sintomas: muitas vezes é a família, não o paciente.

O que quero dizer com "contexto de espiritualidade"? Muitas pessoas no fim da vida começam a ver seus entes queridos já falecidos. Há religiões que consideram isso muito confortável; é um alívio saber que aquela pessoa que amamos está em contato com outros seres que ela também ama, só que não estão mais nesta dimensão. Em algumas crenças, é como se o paciente estivesse sendo cuidado por quem já morreu. Em outras, porém, essa experiência é sinal de profundo sofrimento espiritual. É preciso avaliar o cenário com sabedoria e compaixão e tratar ou não o sintoma de acordo com o contexto. Porque não queremos gerar mais sofrimento, e sim aliviá-lo.

Milagre.

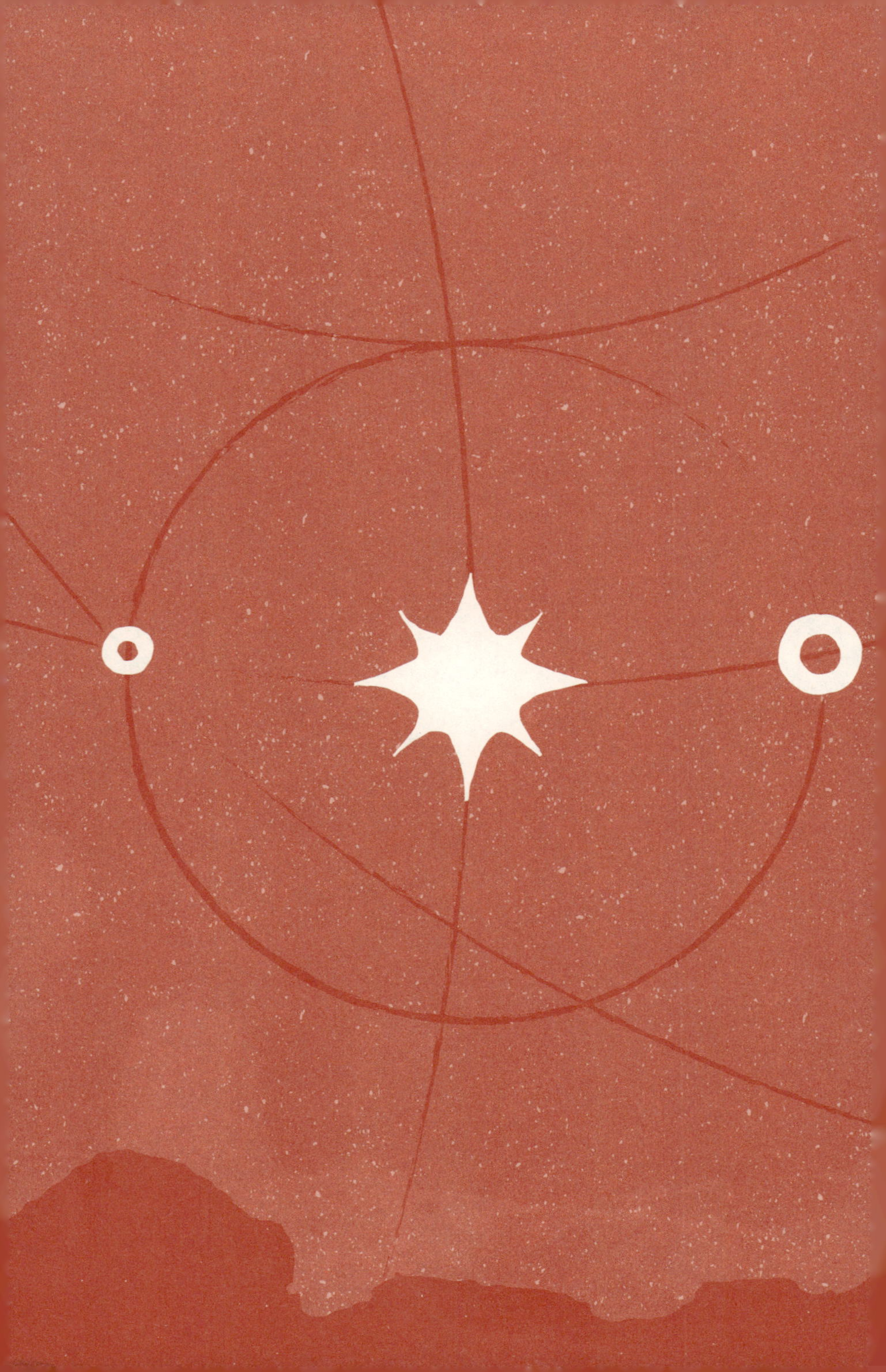

CAPÍTULO 11

A parte que cabe aos profissionais de saúde

Por mais duro que seja, profissionais do cuidado precisam encontrar maneiras de se antecipar ao caos.

A doença vai ser caos, o sofrimento vai ser caos, a morte vai ser caos, mas como não se tornar caóticos em meio ao tsunami?

Para não entrarmos no caos, precisamos conhecer os passos dessa dança.

Durante boa parte da minha residência, a parada cardíaca era um evento caótico. Alguém percebia que o coração do paciente havia parado e saía anunciando o acontecimento. Logo, outra pessoa aparecia com um carrinho, "cadê a adrenalina?", abriam-se e fechavam-se gavetinhas onde não estava o que se procurava, alguém começava a massagear o peito do paciente, reanimava (ou não), todos respiravam (aliviados ou não) e retomava-se a rotina hospitalar.

Hoje, felizmente, não é mais assim.

Na época da pandemia, presenciei a parada cardíaca de um amigo muito querido. Alguém identificou a parada e acionou um "código azul". Começou então uma coreografia bem ensaiada, em que cada profissional de saúde sabia exatamente a tarefa que lhe cabia e em que sequência seria realizada. Quem estava incumbido de conduzir o carrinho sabia onde ficava a adrenalina, porque ela sempre esteve e sempre estará naquele lugar. O desfibrilador já havia sido testado e o gel estava preparado. A escala de intensidade das descargas estava prevista. Ninguém se perdia porque todos sabiam o que fazer.

Não havia caos porque todos conheciam o processo.

O caos se estabelece para o profissional de saúde quando ele não é capaz de lidar com a gravidade da situação e se deixa tragar pelo tsunami. Nesse caso, ele não vai ocupar o lugar de quem cuida, e sim o de quem sofre, porque não sabe cuidar.

Conhecer o processo, no caso desse profissional, significa conhecer a etapa da doença em que o paciente está, o contexto físico, emocional, familiar, social e espiritual em que se encontra, e saber o que fazer com cada uma dessas questões. Metas e intervenções para se chegar a elas precisam estar claramente estabelecidas.

Mas há situações em que, mesmo conhecendo o processo, talvez seja necessário mudar de abordagem porque o momento mudou. Nem todos os profissionais de saúde, no entanto, são capazes de fazer isso, como o psicólogo que entra no quarto conhecendo seu roteiro (apresentar-se, perguntar se o paciente está com medo e de quê), mas o encontra urrando de dor e mesmo assim não consegue se desvencilhar de seu protocolo.

É preciso olhar para o doente.

Para muitas pessoas que cuidam até o fim, o médico é a

melhor e mais fidedigna fonte de conhecimentos sobre as etapas do cuidar. Esperamos dele informações sobre o que fazer, os riscos a evitar, as providências para assegurar o bem-estar.

Nem sempre é assim.

Mesmo quando a família faz sua parte com consciência e compaixão, ainda há o risco de se chocar com um médico desinformado – alguém que não teve o curso rápido que recebi da mãe da jovem com HIV que contei no início do livro, por exemplo. Mas que ainda pode aprender.

Em 2022, quando a pandemia já havia arrefecido parcialmente graças aos altos índices de vacinação, voltei aos atendimentos presenciais em consultório e vivi uma história que expõe novas camadas do caos – e grande presença de espírito e humanidade.

Eu estava preparando o consultório para receber uma paciente de primeiro atendimento quando a recepcionista entrou, desesperada.

"Doutora, a paciente teve um AVC na sala de espera!"

Corremos para lá. Encontrei uma senhora retorcida em sua cadeira de rodas, cercada por duas moças com expressões muito assustadas. Vamos chamar a senhora de dona Joana. As moças eram suas filhas.

"Isso aconteceu agora ou ela já apresentava alguma alteração neurológica?", perguntei.

"Nunca aconteceu antes, doutora", me explicou uma das moças. "Mas ela tem um câncer em estágio avançado e muitas metástases no cérebro."

Perguntei se dona Joana sabia de sua condição de saúde – sim, sabia. Olhei nos olhos dela, expliquei o que estava acontecendo e perguntei se ela queria ser levada para um hospital.

Apesar do AVC em curso, ela estava consciente e balançou a cabeça: hospital, não. Perguntei às filhas se elas estavam de acordo com o desejo da mãe. Uma delas respondeu:

"Sim, doutora, já conversamos sobre isso muitas vezes."

Dona Joana estava tratando aquele câncer fazia quatro anos num posto do SUS perto do meu consultório. As filhas tinham lido meus livros e concordado com os cuidados paliativos que a mãe vinha recebendo havia um ano. Uma delas me disse: "Seus livros nos ajudaram a chegar até aqui, mas agora precisamos de mais orientação, por isso marcamos a consulta."

Iniciei rapidamente a estabilização de dona Joana em consultório. Interromper convulsões é algo relativamente simples, e eu tinha os medicamentos certos para isso. Enquanto eu cuidava dela, ia validando os cuidados com as filhas. Com as ferramentas de que dispunham, elas tinham se preparado para quando o tsunami viesse, atentas às dimensões física, emocional, familiar, social e espiritual do sofrimento da mãe. O único ponto de conflito era que dona Joana pertencia a uma religião que acreditava em milagres.

"Bem, diante do que estamos vendo neste momento, com a complicação neurológica, vocês vão precisar de muita ajuda", alertei. "Está na hora de convocar essa turma da fé para colocar a mão na massa, trocar fralda, ajudar no banho, fazer comida, limpar a casa. Porque a gente espera o milagre fazendo alguma coisa, não só juntando as mãos em prece." Sugeri mobilizar a comunidade porque não era uma família com muitos recursos financeiros.

Até aquele momento, tudo tinha transcorrido em harmonia, apesar do susto e do sofrimento inevitável causado pelo AVC. Então dona Joana voltou a convulsionar. Combinamos que o melhor era encaminhá-la a um pronto-socorro particular ali perto; a ideia era que depois a direcionassem para o hospital público onde ela já recebia tratamento. Pedi às filhas que, chegando lá, me colocassem em contato com o médico que faria o atendimento. Pouco depois, falei com o colega e soube que havia pedido uma tomografia para saber a causa. "Nós já sabemos a causa", falei, tentando ser tolerante. "A causa chama-se metástase cerebral. Ela precisa apenas de estabilização e encaminhamento."

A verdade é que aquele médico, como tantos, não tinha a menor ideia do que fazer diante do sofrimento humano causado por uma doença que ameaça a continuidade da vida. Não sabem como agir com dignidade em situações como a de dona Joana e submetem o paciente a dores e procedimentos desnecessários, sob a justificativa de que "têm um CRM a proteger". Penso que o paciente é que precisa ser protegido de profissionais despreparados!

Dona Joana passou seis horas naquele hospital particular. Os atendentes explicaram às filhas que precisariam de dois dias para providenciar a transferência dela para um hospital dos SUS. Talvez dona Joana não tivesse mais dois dias para viver. A família exigiu a alta, responsabilizando-se pela paciente, colocou-a no carro e levou-a ao hospital habitual, onde foi acolhida pela equipe que já a atendia em cuidados paliativos, e ela ficou "serena, em paz total, convulsões totalmente controladas", no relato das filhas. Dona Joana viveu algumas semanas ainda e teve uma morte confortável.

Aquela família simples e afetuosa tinha visto o tsunami chegando e se preparou para ele. Teve coragem de estudar o assunto e buscar todo o conhecimento possível. Mesmo diante do caos do atendimento médico, soube o que fazer e agiu com confiança e tranquilidade. Não há lição melhor.

A dura verdade é que nós, médicos, somos ensinados a tratar de doenças, de tal modo que às vezes esquecemos que há uma *pessoa* vivenciando a doença. Por compreender tão bem essa posição, meu olhar para os profissionais da medicina, com raras exceções, é compassivo. Para um médico, pode ser uma experiência terrível atender um paciente que lhe diz: "Estou recebendo cuidados paliativos e preciso da sua ajuda para voltar para casa/para conversar com meus pais/para ficar com meu cachorro/para ver o mar uma última vez…" A primeira e mais comum reação dos médicos é: "Imagina, você tem que lutar, é cedo para entregar os pontos!" Ora, qual é o paciente que teria coragem de responder "Doutor, o senhor é que precisa estudar sobre cuidados paliativos antes que seja tarde, para a sua vida fazer mais sentido como médico"?

Um profissional de saúde que resiste aos cuidados paliativos em geral está sofrendo e dificilmente vai mudar sob o impacto de uma primeira experiência com essa área do conhecimento. Se você que me lê é um profissional de saúde, deixo aqui meu apelo, em nome de tantos pacientes sem voz: busque se informar sobre cuidados paliativos. Há ampla literatura, diretrizes do Conselho Federal de Medicina e do Ministério da Saúde, livros nacionais e estrangeiros, papers, vídeos. Um profissional de saúde que conhece bem a disciplina de Cuidados Paliativos tem condições de oferecer apoio informado e humanizado a pacientes em profundo sofrimento.

O poder do conhecimento

Quando alguém que amamos está em sofrimento, alimentamos a ilusão de poder trocar de lugar com essa pessoa. Se um familiar nosso está fazendo quimioterapia, um tratamento que pode ser muito agressivo, muitas vezes temos vontade de dizer: "Tire o dia de folga hoje. Eu faço a químio por você. Deixe que eu vomito por você, sinto a sua fadiga, abraço a sua dor."

Bem que queríamos, mas não é possível ocupar esse lugar. Entretanto, a dor que sentimos cuidando de alguém que está nesse momento pode ser tão ou mais intensa do que o processo que o próprio paciente vive.

O paciente passa por isso integralmente, 24 horas por dia, 7 dias por semana, todo o tempo, sem pausa ou descanso. A ele cabe ser quem tem a doença o tempo todo. E quem cuida permanece ao seu lado enquanto for necessário – mas nem sempre sabe lidar com isso, especialmente quando chegam os momentos finais.

Pois todos teremos que aprender, ou nos tornaremos mais uma fonte de sofrimento para a pessoa de quem cuidamos. Como evitar isso? Ter a consciência de que podemos ajudar e apoiar quem amamos de uma forma mais leve e serena, respeitando o nosso lugar, já faz uma enorme diferença! Agindo assim, quando houver sofrimento dentro de nós, não precisaremos buscar na pessoa que está doente o alívio para a dor de ver um ente querido em sofrimento.

O medo é parte desse aprendizado, e talvez seja a emoção mais difícil com que precisaremos lidar ao longo da nossa existência. Quando sentimos medo, sabemos que precisamos agir, mas não sabemos o que fazer. O medo cega, e o antídoto, como já mencionei, não é a coragem. A coragem é o contrário da covardia, um sentimento tão ou mais difícil de enfrentar do que o próprio medo. Mas o medo se combate com a compaixão. A compaixão tem mãos respeitosas. Por isso, funciona muito bem para nos ensinar sobre respeitar o limite, o desejo, a vida e também a morte.

Compaixão é quando o amor encontra o sofrimento e dá origem a uma ação que é capaz de aliviar a dor do outro. Ela nos dá forças para seguir em frente de olhos e coração abertos. Quando aprendemos a lidar com a ideia da finitude do outro e nos capacitamos para fazê-lo com compaixão, alguns portais se abrem, afetando nossas reações aos três grandes dramas, sobre os quais falamos anteriormente.

O *primeiro grande drama*, recordando, diz respeito à capacidade da família e da equipe médica de terem conversas sinceras com o paciente. No tempo do caos, este continua sendo um momento muito difícil. No entanto, quando buscamos conhecimento para viver os momentos de dor e nos preparamos para o tsunami, aparecem sinais e sintomas de amor. Quem cuida oferece seu cuidado. Quem é cuidado aceita esse zelo e demonstra sua gratidão abrindo-se para ele, permitindo que o outro exiba a força de seu amor por meio dos atos de cuidado.

O *segundo grande drama*, quando o paciente não consegue ter conversas verdadeiras com a família, os amigos nem com a equipe que cuida dele, também se transforma em confiança e serenidade quando ele descobre que essas pessoas vão dar conta de ouvi-lo. Mais do que isso: quando se prepararam para ouvi-lo e para estar ao lado dele nos momentos difíceis da doença.

Quero voltar por um instante à mãe em sofrimento e seu jovem filho com câncer. Quando nos conhecemos, ela relatou que esse adolescente não falava em interromper o tratamento, muito menos em morte. Evitava quaisquer palavras que pudessem dar à mãe a impressão de que ele estava consciente do que o aguardava. O garoto achava que isso traria sofrimento a ela. E assim, calados em seus sentimentos mais terríveis, mãe e filho esperavam que a doença seguisse seu curso. Mas ela se sentia angustiada. Queria tocar no assunto, queria que fossem *verdadeiros* um com o outro. Só não sabia como.

Expliquei a ela que falar sobre morte não era, naquele momento, a coisa mais importante a ser feita. O mais importante era cuidar dele e protegê-lo do desconforto da falta de ar, o que se faz ministrando morfina – e para isso seria preciso vencer certo preconceito da família sobre o uso desse opioide potente. Disse que ele poderia ser cuidado em casa com segurança, e apresentei a ela uma colega em quem confiava e que morava na mesma cidade, fora de São Paulo. Uma vez que os sintomas físicos estavam sob controle, esse menino e sua mãe puderam ter conversas bonitas e profundas, inclusive sobre a morte.

E um dia a morte se tornou iminente. Em processo ativo de morrer, o jovem começou a ter alucinações. Nesse estado, ele só reconhecia a mãe e só se dirigia a ela. Houve então um momento em que ele a chamou para perto de si e disse:

"Mãe, eu estou morrendo."

Eu tinha orientado aquela mãe a sempre reagir às afirmações dele com perguntas. Ela engoliu em seco e respondeu: "E aí, como é isso?"

"Está tudo bem", disse o menino. "Estou entendendo. Estou morrendo, e está tudo bem." E adormeceu.

Esse jovem estava bastante tranquilo. Diferentemente do que predissera a oncologista pediátrica, até ali ele não precisara de sedação, pois a falta de ar estava sob controle.

Dali a pouco voltou a despertar e a mãe ofereceu a ele uma vitamina que ele adorava. O garoto tomou tudo e pediu mais. Enquanto ela foi preparar, ele cochilou, abrindo os olhos quando a mãe voltou com a vitamina pronta. Ele sorriu levemente e disse:

"Mãe, vou ali e já volto."

Fechou os olhos e deu o último suspiro.

Esse desfecho pacífico só foi possível porque a mãe escolheu se preparar. Ela jamais se conformou com a ideia da morte de um ser tão jovem a quem dera à luz, mas entendeu que poderia oferecer a ele um espaço de paz. Essa compreensão – do medo inicial da sedação e do sofrimento, motivo de nossa primeira consulta, à pergunta "E aí? Como é isso?" – não foi um processo que se desdobrou ao longo de anos. Poucas semanas haviam se passado desde nossa conversa inicial. Conto essa história para mostrar que é possível, sim, fazer muito bem às pessoas, mesmo no tempo final de vida.

O *terceiro grande drama*, o de lidar com os próprios sentimentos e emoções diante do que está causando medo, torna-se o motivo pelo qual quem cuida deseja fazer o que aprendeu a fazer tão bem, que é cuidar. Ao longo da vida, compreendi a grande lição que se resume a esta frase de Doherty Hunter, o médico americano que, com seu humor, inspirou o filme *Patch Adams*, protagonizado por Robin Williams: "Quando você cuida de uma doença, pode ganhar ou perder, mas quando cuida de uma pessoa você sempre ganha."

Tive certa vez uma grande professora que costumava dizer: "Quando estiver cansado, não desista, descanse."

Quando sabemos o que fazer, os sentimentos e as emoções diante dos acontecimentos não nos causam mais medo. Não estou falando de ter um protocolo no bolso, uma colinha para consultar a cada situação – mesmo porque não há como prevê-las. Saber o que fazer diz respeito a estar presente, saber ouvir e saber o que fazer com aquilo que ouvimos.

Profissionais de saúde costumam ter algum grau de medo ao entrar no quarto de um paciente desconhecido. Quem será ele? O que o levou até aquele lugar? Como se sente? Mas é preciso lembrar o óbvio: para a família, aquele não é um paciente desconhecido, e é dessa fonte abundante que se deve buscar informações. Então, se você for um profissional de saúde, aproxime-se das pessoas que cercam o paciente e descubra tudo que possa ajudar você a transformar aquele momento doloroso em uma grande expressão de amor pela vida.

Talvez a doença esteja prestes a desferir seu golpe vitorioso e definitivo. Mas viver ainda vale a pena. O caminho para encontrar paz na morte começa na reconciliação com a vida. Já estive com muitas pessoas vivendo felizes na véspera de morrer, e sei que isso é possível. Elas não estarão obrigatoriamente definhando, pedindo a Deus que as leve logo. Podem estar gratas pela oportunidade de ter vivido. Minha experiência me ensinou que um paciente dificilmente estará brigado com a vida na hora de partir. Ele pode estar de mal com o sofrimento, com a doença, mas não com a vida. Uma vez que essa pessoa recebe os cuidados necessários e a dor desaparece, ela se reconcilia. Morrer reconciliado com a vida é algo maravilhoso.

Gosto deste conceito do que é uma morte tranquila, enunciado pelo The Hastings Center, uma organização americana sem fins lucrativos que foi decisiva na criação do campo de estudos da bioética:

"É aquela em que a dor e o sofrimento são minimizados por paliação adequada, na qual os pacientes não são abandonados ou negligenciados, e na qual os cuidados com aqueles que não vão sobreviver são avaliados e tão importantes quanto aqueles que são dispensados a quem irá sobreviver."

Com o tempo, porém, acabei formulando meu próprio conceito:

A morte em paz é a revelação de que a vida que termina hoje é aquela que se transforma em vida eterna no coração de quem fica.

A frase "Vou ali e já volto", dita pelo adolescente com câncer, eternizou-se na minha história. Entendi que, passado o tsunami, o que vem é a paz. O mar volta a ser azul e calmo, o céu se abre, o sol seca a terra molhada.

Enviei o texto a seguir, de autoria de William Blake, a muitos familiares de pacientes de quem cuidei. Espero que ele também traga conforto a você quando viver tempos difíceis.

"Um veleiro passa na brisa da manhã e parte rumo ao oceano. Ele é a beleza, ele é a vida.

Olha até vê-lo desaparecer no horizonte. Alguém diz a meu lado: 'Ele partiu!' Partiu para onde? Partiu para longe do meu olhar, é tudo! Seu mastro continua alto, seu casco ainda tem força para carregar sua carga humana.

O desaparecimento total das minhas vistas está em mim, não nele. E exatamente no momento em que alguém diz ao meu lado: 'Ele partiu!', existem outros que, vendo-o aportar no horizonte e ir em sua direção, exclamam com alegria: 'Ele está chegando.'

Isso é a morte."

Não existem mortos.
Existem seres vivos nas duas margens.

Cuidar não tem fim.

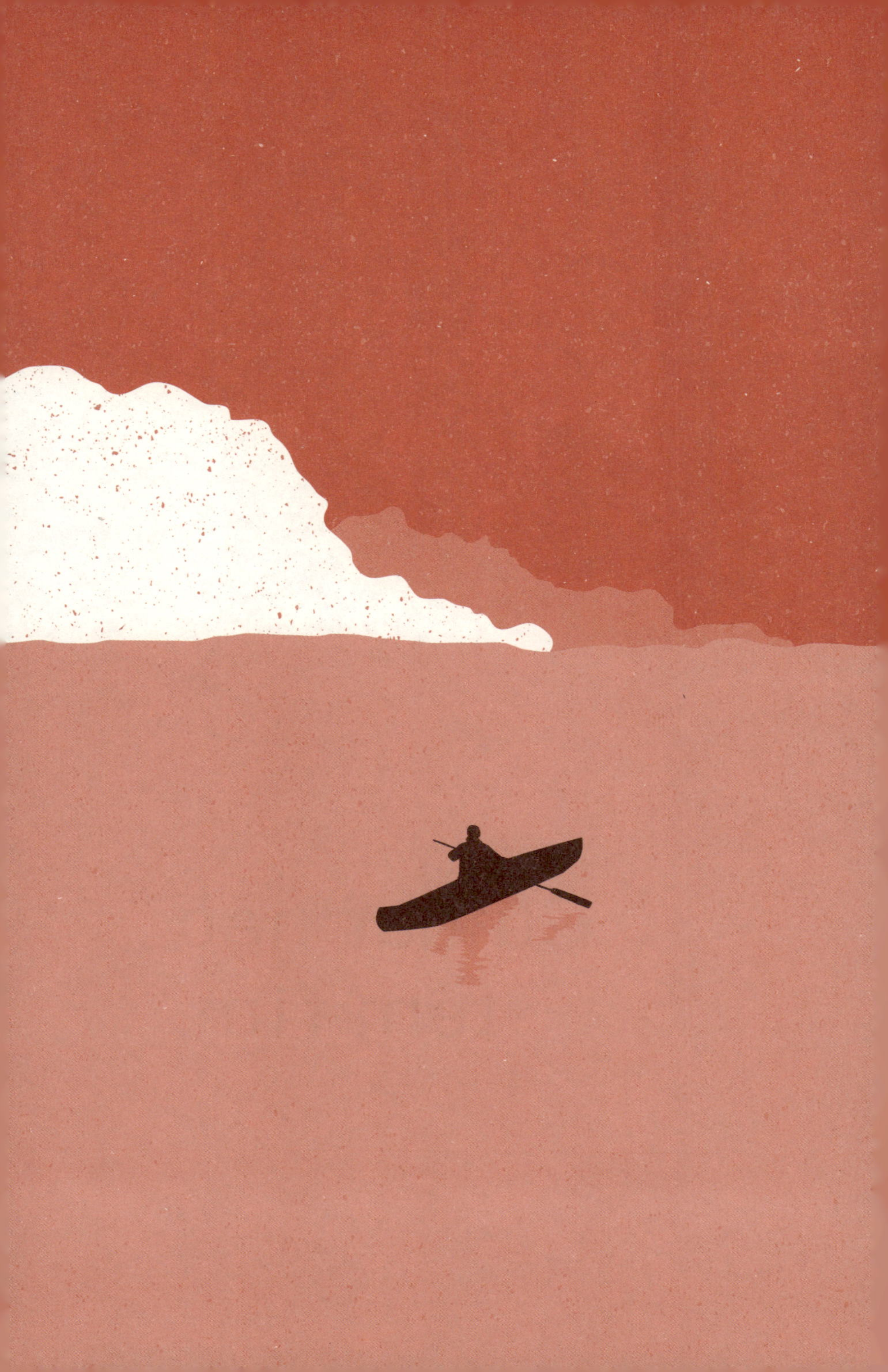

CAPÍTULO 12

Depois da morte

"Quando a morte chegar,
que ela lhe encontre com vida."
Provérbio africano

O que fazer depois do último suspiro da pessoa de quem cuidamos?

Certa vez, uma grande amiga me ligou para avisar que sua avó havia morrido. Fui até o hospital e fiquei ao lado dela no quarto esperando o médico para fornecer o atestado de óbito. Era um domingo bonito, e a avó estava com uma fisionomia serena no leito; tinha sido uma morte muito, muito em paz.

Uma batida na porta, o médico entra e diz:

"Oi, tudo bem? Bom dia, eu vim aqui para fazer o atestado da senhora fulana."

Olhei para a minha amiga, pensando comigo mesma se o médico tinha noção do que estava fazendo ao entrar no quarto de uma mulher que havia acabado de morrer e perguntar para a família se estava tudo bem.

Esse tipo de pergunta devia ser abolido em uma situação como essa. Não, não estava tudo bem, principalmente porque ele havia aparecido para destroçar a paz daquele ambiente até então tranquilo com uma pergunta descabida. Indiferente ao climão, o médico fez o atestado de óbito e na hora de nos entregar ainda teve a coragem de dizer:

"Olha, tudo de bom, que vocês tenham um bom dia, um bom domingo. Tchau."

Eu deveria ter filmado aquela cena para mostrar aos meus alunos como *não* agir. Penso que só há um motivo para uma pessoa se comportar de maneira tão insensível e vexaminosa: não saber o que dizer. Mas, nesse caso, poderia ter dito apenas "Sinto muito". Já seria melhor.

É fácil criticar, mas o que devemos fazer depois do último suspiro?

Eu sempre recomendo o que diz este texto a seguir, uma tradução livre de um post do perfil Always With Love, do Facebook, de autoria de Sarah Kerr:

"Quando alguém morre, a primeira coisa a fazer é nada. Não saia correndo e chame a enfermeira. Não atenda o telefone. Respire fundo e esteja presente na magnitude do momento. Há uma bênção em estar ao lado da cama de alguém que você ama enquanto essa pessoa faz sua transição para fora deste mundo. No momento em que dá o seu último suspiro, há uma sacralidade incrível no espaço...

Sabíamos que ela iria morrer, então o fato de estar morta não é uma surpresa. Não é um problema a ser resolvido. É muito triste, mas não é motivo para pânico. No mínimo, sua morte é motivo para respirar fundo, parar e estar realmente presente para o que está acontecendo...

Sente-se ao lado da cama e apenas esteja presente à experiência no quarto... Não pressione sua alma a se ajustar, porque não importa quão preparados estejamos, uma morte ainda é um choque.

Dê a si mesmo 5 ou 10 ou 15 minutos apenas para ser. Você nunca terá aquele tempo de volta se não o aceitar agora. Depois disso, faça o mínimo que puder. Ligue para a única pessoa que precisa ser chamada.

Mova-se muito, muito, muito lentamente, porque esse é um momento em que é fácil para o corpo e a alma se separarem. Nosso corpo pode galopar para a frente, mas às vezes nossa alma não o alcança. Se você tiver a oportunidade de ficar quieto e presente, aproveite."

Ao lado de uma pessoa que acabou de morrer, podemos vivenciar um momento de total ausência, mas completa presença. Espero ter a chance de despertar nos meus leitores o desejo secreto de vivenciar isso com essa intensidade, apesar da dor que haverá.

Existem três espaços que podemos habitar quando cuidamos de alguém que está morrendo. O primeiro é o famoso "no meu plantão, ninguém morre", dito e repetido por muitos profissionais de saúde quando estão de plantão numa UTI, num pronto-socorro ou numa enfermaria. Essa segurança de "no meu plantão ninguém morre" vem de um conhecimento técnico muito voraz. Há profissionais que fazem graduação, pós-graduação, residência, especialização, um milhão de congressos e cursos para ter certeza de que no plantão deles ninguém vai morrer.

No segundo espaço, percebemos que, aos olhos do paciente, a parte mais importante da técnica é quem a aplica. O que importa é a pessoa que cuida, e não apenas o seu cuidado. Em vez do bordão "no meu plantão, ninguém morre", o que se ouve nesse espaço é "no meu plantão ninguém quer morrer".

Há profissionais e cuidadores que sabem exatamente o que fazer nas horas difíceis; quando é plantão deles, a dor não vigora. Profissionais assim têm uma leveza que só advém quando se dão conta de que são cuidadores magníficos. Eles se sentem felizes por proporcionar o cuidado. E o paciente percebe, mesmo que seja um plantão semanal na terapia intensiva, na enfermaria, no seu voluntariado, na casa de repouso no hospital, na casa dos seus pais. Se isso está acontecendo na sua presença, use todo o seu conhecimento e a sua compaixão para um dia, quem sabe, poder ouvir de seu paciente: "Quando eu morrer, quero que você esteja de plantão." Este é o terceiro espaço.

A morte é a experiência de maior intimidade entre dois seres humanos. É uma honra estar presente no momento da morte de alguém. Esse tempo pede uma presença lenta e cadenciada. Como no texto de Sarah Kerr, nada de permitir que o corpo galope e dispare na frente da alma: quando a gente perde alguém, a nossa alma também se desconecta. Quem não acredita em alma pode trocar a palavra "alma" por "consciência". Não temos condição de tomar providências práticas enquanto a nossa alma, ou a nossa consciência, não se abastece daquele silêncio e daquela presença por alguns minutos, pelo menos. Estamos tristes porque a pessoa que amamos morreu, mas existe uma paz compartilhada entre quem morre e quem fica. Precisamos nos dar a chance de experimentar essa paz no momento da morte de alguém que amamos.

Se fomos cuidadores profissionais, devemos entender que às vezes os familiares precisam que fiquemos junto, ajudando-os a dar conta daquele momento, mesmo que calados, nossas lágrimas caindo em silêncio. Lágrimas representam as palavras mais potentes de acolhimento para uma família. Uma lágrima que corre pelo rosto de um médico, de um enfermeiro, de um psicólogo tem o poder de um abraço para os familiares que começarão sua caminhada pelo processo de luto.

No dia da morte de alguém que amamos, entramos em uma caverna e ali permaneceremos pelo tempo que for necessário para a reconstrução do vínculo simbólico. A morte rompe o vínculo da nossa dimensão concreta. Nosso mundo presumido – os elementos da vida que nos dão estrutura e força – é destruído pela perda. É um mundo muito organizado para nos oferecer segurança, mas na verdade não é seguro; tem uma qualidade de impermanência que se exibe, terrível e majestosa, quando a pessoa que amamos sai de cena.

É por isso que precisamos de um tempo na caverna. Lá, sozinhos com nossos pensamentos e nossas emoções, seremos capazes, em algum momento, de transformar o vínculo concreto em vínculo simbólico: quando a pessoa deixa de morar na casa dela para vir morar no nosso coração.

A trajetória entre dar o último suspiro e habitar o nosso coração leva tempo. E então, um dia, encontraremos a saída dessa caverna, que não é o mesmo ponto por onde entramos. A "entrada" era a vida que tínhamos antes, e da qual aquela pessoa amada participava. Essa vida não existe mais. Existe outra, que se desdobrará diante de nós na saída da caverna, e que talvez tenhamos que cavar com nossas próprias mãos, impulsionados pelo amor que foi trocado durante a nossa relação.

Sentiremos falta do olhar da pessoa sobre nós, de como nos víamos pelos olhos dela e da alegria desse encontro. De tudo o que ela significou para nós. Podemos nos sentir falhos de nós mesmos, como no lindo verso de Fernando Pessoa: "hoje, falho de ti, sou dois a sós..."

Parafraseando o poeta, a pessoa enlutada deixa de saber quem é ao perder o olhar de quem a amava, porque de alguma forma esse olhar emprestava a ela uma identidade. Dentro da caverna, vamos nos reconectar com quem somos no olhar de quem perdemos. Porque se essa pessoa nos amava, somos pessoas reais. Só precisamos nos reencontrar a partir do olhar de amor daquela pessoa por nós.

Cuidar é o ato mais sublime da conexão humana.

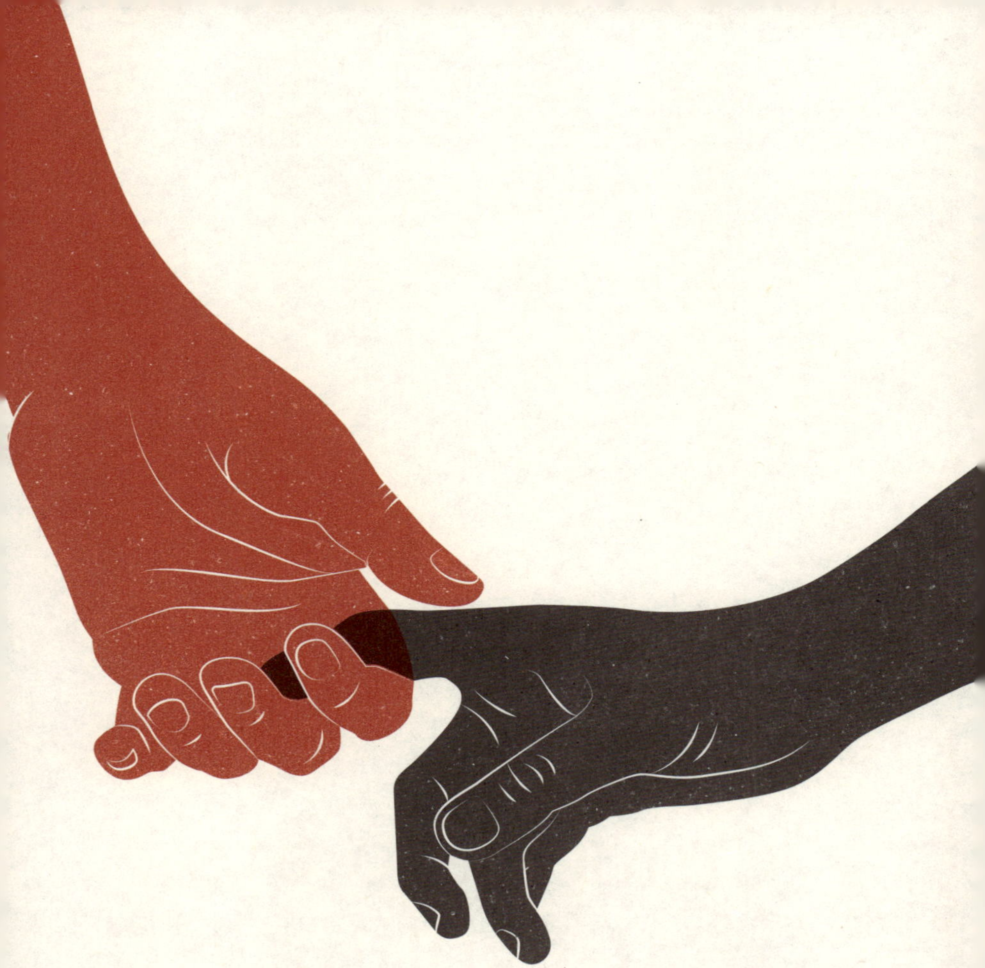

CAPÍTULO 13

O tempo do luto

O luto é uma resposta normal a qualquer perda de um vínculo significativo. Não é uma exclusividade do ser humano: os animais também vivem processos de luto, mas sem a expressão de complexidade da experiência humana. A maior parte das dificuldades que enfrentamos no decorrer da vida surge depois de uma perda. Apesar disso, os cursos de psicologia não ensinam sobre o tempo do luto, mesmo que a grande busca do processo terapêutico esteja relacionada a ele.

Mais do que sofrido, o luto pode ser perigoso. Estima-se que haja de quatro a dez pessoas enlutadas a cada morte, e existe um risco até seis vezes maior de mortalidade entre enlutados, especialmente homens viúvos e idosos. Se ocorrem cerca de 1,2 milhão de mortes por ano no Brasil, temos um exército de até 12 milhões de pessoas enlutadas anualmente no país, sofrendo no dia a dia as consequências do processo de luto. Como podemos manejar tanta dor?

O luto não é doença. A morte é um evento natural e esperado em algum momento, e não existe cura para a normalidade. Portanto, o luto não deve ser tratado, e sim conduzido. É um fato da vida, necessário e inevitável. Jamais deve ser sufocado.

Segundo o Manual Diagnóstico e Estatístico de Transtornos Mentais (DSM), publicado pela Associação Americana de Psiquiatria e referência para profissionais de saúde mental, um processo de luto é considerado inadequado se durar mais que duas semanas. Ora, qualquer pessoa que já vivenciou alguma perda significativa sabe que, depois de duas semanas, não há nada em ordem, nada está em seu devido lugar. Esse manual está em sua quinta edição, com uma definição de luto que me parece uma temeridade. Sem falar que o diagnóstico de duas semanas para o luto "normal" abre terreno para a medicalização do processo, equiparando-o a uma depressão.

Não é necessário medicalizar o luto. É até perigoso considerar todos os processos de luto como depressão. Existe depressão no processo de luto? Sim. Pode acontecer de o enlutado precisar de antidepressivos? Sim. Mas a incapacidade de lidar com a tristeza pode levar a pessoa à incapacidade de lidar com a alegria, também. Quando há um diagnóstico correto de depressão e a medicação está adequada, o enlutado, que se transforma em paciente porque tem uma doença, conseguirá superar o processo com a ajuda da terapia e do antidepressivo. Mas, se a medicação for inadequada e aquela pessoa experimentar uma "plastificação" de seus sentimentos – porque não estava deprimida, apenas em luto –, os riscos são enormes.

O luto tem fases que muitos teóricos, entre eles a psiquiatra suíça Elisabeth Kübler-Ross, já descreveram. A pessoa enlutada provavelmente passará por uma fase de

negação, com dor intensa e recusa em falar sobre a perda; em seguida virá a fase de **barganha**, marcada por tentativas de aliviar o sofrimento tentando "negociar" a falta por outra coisa, ou da **raiva** (essas duas fases podem se alternar), de revolta pelo que aconteceu. Então chegará a fase de **depressão** – diferente da *doença* depressão, apesar do nome; nela, o enlutado se vê mergulhado em profunda tristeza e nada parece trazer alegria. Costuma ser mais duradoura e muitas vezes traz consigo algum isolamento do mundo exterior. Por fim, virá a **aceitação**. O enlutado deixa de sentir desespero diante da perda, aceita a realidade e tenta viver da maneira mais saudável possível.

Com base na minha experiência, prefiro mostrar outro olhar sobre as fases do luto. Considero que haja uma **fase aguda**, em que ocorre um choque inicial acompanhado de negação e incredulidade. Dizemos a nós mesmos: "Não é possível que isso esteja acontecendo/que isso aconteceu." Essa fase também pode se apresentar como uma aceitação intelectualizada, sem um componente emocional, mas ainda negando o sofrimento frente à perda. Uma frase clássica é: "Bem, já estava bem idoso, estava sofrendo muito." Se a família estiver bem preparada, essa fase pode ser menos intensa.

Outra abordagem do entendimento das fases de luto pode facilitar ainda mais a compreensão dessa jornada.

Em 1990, John Bowlby, psicólogo, psiquiatra e psicanalista britânico, explicou que a nossa forma de lidar com a perda está diretamente relacionada à qualidade do vínculo que tínhamos com a pessoa que perdemos. Ele afirmava que o luto tem quatro fases:

- A primeira é o entorpecimento que surge a partir do choque da perda, negação dessa realidade e uma imensa aflição diante de tudo que se vive e sente a partir da percepção da ausência definitiva;
- A segunda fase corresponde a um sentimento de anseio e inquietação, marcado pela necessidade de evocar constantemente as memórias da pessoa que se foi e pelo desejo incontrolável de recuperar a presença dela;
- A terceira fase é caracterizada pela total desorganização e pelo desespero causado por sentimentos de incapacidade, tristeza profunda, sensação de abandono e raiva;
- Por fim, a quarta fase traz a necessidade de reorganização da própria vida. A pessoa enlutada assume atitudes de busca de retorno à realidade e procura se adaptar à nova vida após a perda, criando outras rotinas. Entrar nesta fase nunca vai significar ausência de saudade, e sim uma forma mais serena de lidar com ela.

Em 2013, outro psicólogo, J. William Worden, um dos principais estudiosos do luto infantil na Universidade Harvard, formulou o conceito de "tarefas do luto", facilitando o entendimento de que é preciso "fazer", e não apenas "sentir". Graças a essa compreensão, a pessoa enlutada se torna ativa na elaboração do luto, rompendo com a passividade de quem somente aguarda que tudo se resolva internamente em algum momento da eternidade. Ele lista quatro etapas desse trabalho tão difícil:

- Tarefa I: Aceitar a realidade da perda;
- Tarefa II: Processar a dor do luto;

- Tarefa III: Ajustar-se a um mundo sem a pessoa que morreu; e
- Tarefa IV: Encontrar uma conexão de segurança com a pessoa morta, ao mesmo tempo que inicia uma nova vida.

Muito amor, muita dor para sentir; muito a fazer para aliviar e transformar.

Os profissionais de saúde têm um papel muito importante em identificar, ao longo da doença do paciente, os familiares e amigos que talvez vivenciem um luto mais complicado. Acompanhar a caminhada de uma pessoa querida rumo à finitude é uma montanha-russa de emoções, e assim também é o luto.

Esses altos e baixos foram descritos em outra teoria chamada **processo dual do luto**. Segundo essa teoria, ora o enlutado está na dor, ora está na vida. Um dia está cuidando do inventário, de doar as roupas da pessoa que morreu, de pagar boletos no banco. No outro, se fecha no quarto e chora desconsoladamente.

Meu pai morreu de uma doença gravíssima chamada pancreatite biliar, que relato em meu livro *Histórias lindas de morrer*. Entre o diagnóstico e o último suspiro, passaram-se apenas 33 dias de imensa voltagem emocional: ele foi para a UTI, foi intubado, fez transfusão, diálise, teve uma melhora e pediu para sair do hospital. Escreveu suas diretivas de vontade e elas foram cumpridas: sua morte ocorreu dentro de uma instituição cuja equipe havia sido treinada por mim para receber pacientes de cuidados paliativos. Meu pai foi o primeiro paciente a chegar, com o espaço recém-inaugurado.

Quando ele morreu estava tudo certo entre nós: tivemos todas as conversas difíceis e aparamos as arestas que a vida tinha erguido entre nós. Mas o dia a dia do processo de luto, mesmo quando se trabalha com isso e se está preparado para o dia seguinte ao tsunami, é muito desafiador. Eu lembro que voltei a trabalhar bem rápido, fiquei poucos dias sem ir ao consultório, talvez uns três ou quatro. Tomei essa decisão por achar que me faria bem e estava convencida de que daria tudo certo. No entanto, muitas vezes, no meio de uma consulta eu era tomada por um redemoinho e caía num choro desesperador, visceral, em que meu corpo se dobrava e eu soluçava sem controle. Sou grata aos pacientes que me acolheram naqueles momentos pungentes, e não foram poucos.

Um mês depois de perder meu pai eu estava dando um curso, me achando linda e plena. Mas no meio da aula precisei sair correndo. Me refugiei no banheiro e comecei a gritar, arrebatada pela mesma dor violenta e descontrolada dos dias no consultório.

Esses momentos são aterrorizantes, e achamos que nunca passarão. A bênção é que eu tinha estudado o processo de luto e sabia que iam passar. Mas quem não sabe vai procurar ajuda e às vezes encontra um profissional de saúde mental que também não sabe o que fazer. Talvez um profissional desses me dissesse: "Não é normal estar no meio de uma consulta e ter vontade de chorar. Não é normal sair correndo no meio de uma aula para chorar no banheiro." Pois eu asseguro que isso é normal, sim; é o processo dual do luto em toda a sua potência. À medida que o tempo passa, aprendemos a identificar o que nos suga para a dor e conseguimos ficar menos tempo em sofrimento. Mais adiante, seremos capazes de sair da dor por livre e espontânea vontade. Num futuro talvez nem tão distante assim, visitaremos a dor quando quisermos. Em geral, nas grandes datas: aniversário da pessoa que morreu, Dia dos Pais, Dia das Mães, Natal. Em meu livro *Pra vida toda valer a pena viver*, recomendo que no processo de luto cada um de nós ritualize esses dias importantes, pensando neles como se tivéssemos que atravessar um rio. Pode haver correnteza, animais ferozes, piranhas, enguias elétricas, e temos medo, claro, mas não há escolha: será preciso passar por esse rio. Prepare-se, incluindo nesse dia alguma homenagem àquela pessoa. Faça de propósito, permita-se ser consumido pela emoção, mantenha o controle possível e uma hora, quando menos esperar, você estará na outra margem.

É importante também conhecer as várias dimensões do luto: biológica, emocional, cognitiva/intelectual, familiar, social e espiritual.

Na dimensão **biológica**, pode haver perda ou aumento de apetite, distúrbios de sono, perda de peso, fadiga e fraqueza, palpitações, estado de ansiedade. Pode haver dor física. Durante o primeiro mês após a morte da minha mãe, eu acordava com dor no peito, como se estivessem rasgando-o ao meio. Chegava a chorar de dor. Como sou médica, claro, investiguei meu novo sintoma, mas nada físico foi encontrado. Um dia, finalmente, entendi que minha mãe estava vindo habitar dentro de mim e precisava de espaço. Desde então nunca mais tive aquela dor. Em retrospecto, penso que ela foi necessária para que a experiência da consciência acontecesse.

As dimensões **emocional** e **cognitiva/intelectual** trazem desamparo e tristeza, além de preocupações irreais com o morto. Conheço histórias de enlutados que alimentavam fantasias irreais sobre o sofrimento da pessoa que perderam. Comigo, porém, aconteceu o contrário: eu me preocupava imensamente com os meus entes queridos enquanto estavam vivos, e sua morte me trouxe alívio dessas preocupações. Quando minha irmã adoeceu, num inverno particularmente gelado, eu ligava de madrugada para a enfermaria do local onde ela estava internada e pedia que checassem se ela estava coberta. Imagino a angústia das pessoas que não têm a chance de telefonar e ficam a noite inteira remoendo esses pensamentos terríveis. Será que está com dor? Será que dormiu bem? Será que? Será que? Quando minha irmã morreu, pensei: "Ela não está mais sentindo dor, não está mais sentindo frio, está livre de todo sofrimento."

Gosto de pensar na dimensão **familiar** como um móbile em que cada um ocupa um espaço. Quando uma peça do móbile é retirada, todas as outras se movimentam em busca de um novo equilíbrio. Mesmo nas famílias mais complexas, existe uma harmonia entre seus membros, e a saída de um dos componentes compromete o equilíbrio do sistema.

As manifestações **sociais** compreendem inquietude, agitação, dificuldade de iniciar e manter atividades organizadas, dificuldade de se concentrar e completar tarefas, além de um comportamento de fuga diante das ofertas de ajuda. Muitos enlutados são tomados pela necessidade de repetir dezenas de vezes a mesma história sobre a pessoa que se foi. Na primeira vez fazemos cara de surpresa, na segunda também, na décima perdemos a paciência e tendemos a nos afastar. Nem sempre percebemos que a pessoa enlutada precisa contar tantas vezes a mesma história para ver se descobre alguma falha que pudesse ter mudado o desfecho. Isso é muito sofrido quando não se tem alguém que escute. Pode ser o momento ideal para buscar uma terapia.

Na dimensão **espiritual** do luto, tentamos atribuir novos significados à vida e à morte. Podem surgir sentimentos de abandono; de raiva direcionada a Deus, por não ter salvado aquela pessoa amada; de medo do desconhecido, do que está por vir, da nossa própria morte.

A única coisa que está ao nosso alcance é encontrar a forma menos dolorosa possível de atravessar essa fase. Não tem como ser uma travessia sem dor, e quanto maior o amor, maior a dor. No entanto, quanto maior o amor, mais rapidamente essa dor vai embora. Isso se faz aceitando a realidade da perda. Vivenciando a dor e o pesar. Ajustando-se à nova realidade e investindo a energia recuperada em outras relações. Não é trocar de amor: é respeitar o amor que foi vivido, deslocando a energia daquela relação para outras relações. É um investimento de energia no futuro, não de eliminação do passado. Não significa esquecer a pessoa que amamos.

Não existe luto patológico: existe um luto complicado por ausência ou adiamento do pesar. Os sentimentos mais comuns e persistentes são raiva ou culpa. Luto crônico é um indicativo de que a relação com o morto era muito problemática, tinha muitas questões mal resolvidas. Quando a pessoa enlutada tem também uma doença física ou psiquiátrica, a resolução do processo de luto pode se prolongar e tornar o pesar mais profundo.

Como quem cuida pode ajudar os que ficam?

Isso se faz iniciando os cuidados antes da morte do paciente. Se houver espaço para isso, o cuidador deve participar da construção de um ambiente social e familiar rico em suporte adiante da perda. É preciso ouvir mais do que aconselhar, lembrando de tempos em tempos que o luto é um processo natural. Como cuidadores, também podemos reforçar que medicamentos raramente são necessários. Já estive em incontáveis velórios nos quais havia tráfico de pílulas vendidas com retenção de receita: sempre alguém tem um remedinho e passa para o outro se acalmar. Evitemos essa prática. Em vez disso, cuidemos de reforçar a importância dos rituais do funeral e da despedida.

Se houver crianças envolvidas, lembremos o valor de participarem dos ritos de adeus, inclusive no funeral.

É importante definir quem vai monitorar a família enlutada de maneira planejada e como será esse cuidado, permanecendo disponível para oferecer suporte sempre que solicitado.

Às vezes, a melhor ajuda consiste em fazer alguma coisa *de fato*, pôr a mão na massa. Se estamos acompanhando uma pessoa em processo de luto, não adianta perguntarmos a ela o que quer comer, porque ela vai dizer que não quer nada. O ideal então é preparar alguma comida de que ela goste – não uma *paella* ou uma feijoada, mas um macarrão cabelinho-de-anjo na manteiga, um bolo cremoso, uma caneca de chocolate quente. Algo que seja saboroso e fácil de engolir; uma comida de afeto. Se tiver esta habilidade, faça um pão, mesmo que o enlutado não coma, mesmo que ele acabe no lixo. Ganhar um pão feito pela pessoa que o oferece é um carinho inestimável.

A pergunta mais desnecessária que podemos fazer é do que o enlutado precisa, porque a resposta é óbvia: ele precisa da volta da pessoa que morreu. Então, sejamos proativos na ajuda. Se gostamos muito da pessoa enlutada, telefonar é mil vezes melhor do que mandar mensagem. Se ela atender, dizemos oi. Se ela não atender, ainda assim terá sido bom ter ligado. Chamadas não atendidas são demonstrações de afeto para quem recebeu a chamada. Eu me lembro de todas as pessoas que ligaram para mim durante meus lutos. Nenhuma vez atendi ao telefone, mas ficou ali registrado que a pessoa se deu ao trabalho de pegar meu número e tentar falar comigo. E eu sabia por que ela tinha feito isso.

E como quem cuida pode atrapalhar os que ficam?

Tratando o luto como doença. Minimizando o sofrimento alheio. Medicalizando a tristeza. Desrespeitando o tempo de cada pessoa frente à perda. Dizendo para não chorar. O pranto ou pesar é um processo privado e individual profundamente restaurador. A intensidade do luto depende da intensidade da relação, portanto é pessoal e intransferível. A pessoa só sairá do luto se passar por ele.

O processo de luto proporciona a criação de um vínculo simbólico. A partir dele surge uma nova perspectiva da relação com a ausência. O luto, então, torna-se um processo ativo e curativo em si mesmo. Uma experiência única a ser vivida, um mistério a ser compreendido, um estímulo à compaixão e à bondade, um lembrete do que somos e de quem são as pessoas que amamos.

Quando a gente escolhe amar não tem livre-arbítrio, já escolheu amar.

A resposta é sempre "sim, eis-me aqui".

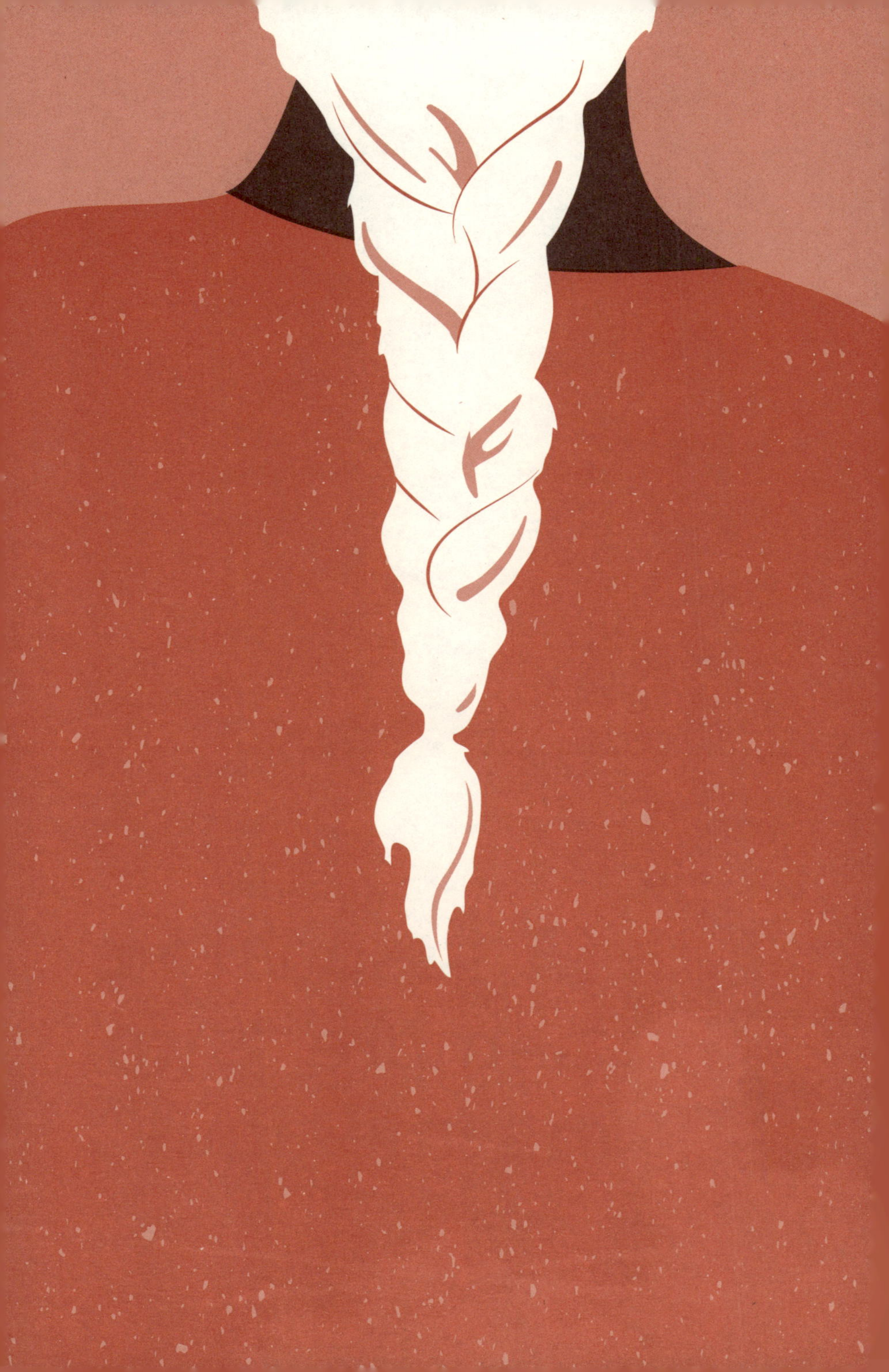

EPÍLOGO

Se eu puder deixar uma mensagem

Quando estamos cuidando de alguém em seus dias finais, precisamos que a dignidade da pessoa e da família sejam respeitadas, bem como as nossas necessidades e os nossos desejos.

Precisamos contar com alguém que tome as medidas apropriadas para o conforto e o bem-estar do nosso ente querido, medidas que sejam consistentes com as escolhas dele. Alguém que seja compassivo no alívio da dor e de outros incômodos que a pessoa possa sentir a qualquer momento.

Precisamos ter alguém atento não apenas às necessidades psicossociais, espirituais e religiosas do nosso ente querido, mas também às nossas. Que, após a morte da pessoa que amamos, ofereça a continuidade dos cuidados conosco, para que não nos sintamos abandonados.

Precisamos ter alguém que providencie acesso a qualquer terapia que tenha como objetivo principal a qualidade de vida da pessoa que amamos, inclusive o acesso precoce a cuidados paliativos.

Precisamos de alguém que respeite a autonomia da pessoa que amamos, mesmo que a escolha dela seja recusar tratamentos agressivos que prolonguem seu sofrimento.

Cuidar é o ato mais sublime da conexão humana. Quando as águas poderosas e lamacentas do tsunami se abaterem sobre nós, quando se instalar o desespero pela cura que não veio ou pelo milagre que não chegou, sempre poderemos fazer um convite às pessoas de quem cuidamos:

Você quer a minha companhia?

Quer que eu ajude você a ser um pouco mais feliz até que o milagre chegue? Como eu posso te fazer sorrir hoje?

Mais do que perguntas bonitas, essas são perguntas bondosas. Nos dias de travessias, de tempestades e correntezas (uma cirurgia, uma quimioterapia, o processo ativo de morte), que possamos ser um farol sinalizando segurança, presença, coragem, objetivo, horizonte.

Que possamos oferecer condições para que a paz se estabeleça, respeitando-se o que seria "paz" para cada um.

Uma pesquisa recente revelou que 40% dos brasileiros desejam estar em paz com Deus na hora da morte. Desejam ser vistos e reconhecidos como dignos pelo olhar de Deus.

Há muito tempo, no Hospice, cuidei de um paciente que estava em profundo sofrimento espiritual. Era um senhor muito religioso, casado com uma senhora igualmente religiosa, e ambos faziam parte de diversos grupos de pastoral: da saúde, dos jovens, de casais. Organizavam encontros e ações sociais, davam comida para os pobres, cuidavam de moradores de rua. Eram muito ativos até que ele teve um diagnóstico de Parkinson de evolução muito rápida, e na sequência um câncer. Suas últimas palavras para a família antes da internação no Hospice foram: "Por que Deus me abandonou?" Depois disso, ele nunca mais falou.

Logo que esse paciente chegou, eu me apresentei a ele e falei que cuidaria de seu bem-estar. Expliquei que estavam preparando seu quarto e que logo estaria bem acomodado. Ele me olhou nos olhos e se manteve calado. Uma vez no quarto, deram-lhe banho, tomando muito cuidado com a sonda, sentaram-no na poltrona amparado por almofadas, pentearam-lhe o cabelo ralo. Perguntaram a ele se queria alguma coisa e o senhor respondeu: água.

A esposa ficou agitada. "Ele não pode beber água porque está com sonda, o médico proibiu!", advertiu. A enfermeira explicou então que no contexto dos cuidados paliativos teríamos todo o cuidado possível para minimizar o risco de engasgo, e que naquele momento era mais importante satisfazer a vontade do paciente. Ele bebeu água com toda a técnica, assistido pela fisioterapeuta e pela fonoaudióloga, ambas prontas para agir se fosse necessário.

Um copo inteiro. Sem engasgar.

"Nossa, mas disseram que ele iria engasgar", balbuciou a esposa, surpresa. A enfermeira sorriu para ela e fez mais uma pergunta ao paciente:

"O senhor quer mais alguma coisa?"

E ele:

"Estou com fome."

Prepararam um mingau de chocolate, que ele devorou raspando o prato. Depois que terminou, ele olhou para a esposa e perguntou:

"Eu estou no céu?"

Gosto de contar essa história porque resolvemos o sofrimento espiritual daquele senhor não com sermão, mas com ações, com cuidado. Ouvindo o que ele precisava e oferecendo com técnica aquilo que desejava. Nos dias seguintes, ele voltou a se comunicar e a sorrir. Tiramos a sonda e ele se reconciliou com o que era sagrado para ele, que era ser cuidado. Através de nós, ele se sentiu digno desse cuidado. O cuidador que conhece seu ofício não se desconecta do paciente, porque sabe como chegar até ele sem machucá-lo nem feri-lo no caminho.

O escafandro é um equipamento de mergulho que protege a pessoa da água em volta dela. Quem cuida de seres humanos em final de vida precisa ser capaz de mergulhar na vida sem escafandro. Só assim poderá ver as belezas que o equipamento esconde.

Cuidar é um ato de amor e de coragem que revela maravilhas todos os dias – se aguçarmos nosso olhar.

Precisamos cuidar de nós mesmos para sermos capazes de dar esse mergulho com as pessoas de quem cuidamos. Precisamos ser capazes de conversar sobre o que nos assusta e sobre o que a morte significa para nós. Isso fará de nós pessoas preparadas para escutar.

Só seremos tratados da maneira como queremos se alguém nos perguntar como queremos ser tratados. E se pudermos pensar sobre isso para oferecer a melhor resposta. Da mesma forma, devemos fazer essa pergunta às pessoas de quem cuidamos e ouvi-las com ouvidos bem abertos. Como tantas vezes eu já ouvi. Por ter ouvido tanto, sei que elas querem deixar um legado, uma marca no mundo. Estar em paz com Deus ou com o que consideram sagrado.

Não querem morrer sozinhas. Querem ter um cuidador com quem se sintam confortáveis. Querem a família e os amigos por perto. Querem lembrar do que realizaram na vida e ver que todos estão preparados para a sua morte. Muitas querem morrer em casa, o que deve ser respeitado se houver condições de oferecer o que for necessário para que se sintam seguras nesse momento. Querem, enfim, manter a dignidade, até o último suspiro.

Não é pedir demais.

APÊNDICE

Perguntas mais frequentes de profissionais de saúde, pacientes e familiares

Quem pode receber cuidados paliativos?
Sempre que existe sofrimento e algo ameaça a continuidade da vida, existe espaço para cuidados paliativos. Uma pessoa que foi atropelada e chega ao hospital com politraumatismos, em profundo sofrimento, está apta a receber esses cuidados. Nos melhores centros hospitalares do mundo, um paciente que fará um transplante de medula óssea com boas chances de curar uma leucemia recebe assistência de uma equipe de paliativistas que vão ajudá-lo a passar pelo procedimento sem grandes sofrimentos. Paliativos são para pacientes que buscam sofrer menos, em diversas circunstâncias, e não apenas no tempo da finitude.

Muitos médicos dizem que vão sedar uma pessoa que está morrendo para que ela não sofra. Com isso, pacientes deixam de interagir e de se despedir amorosamente de seus entes queridos. Como podemos evitar que isso aconteça sem depender apenas da boa vontade do médico?
A sedação paliativa é indicada em menos de 10% dos casos. Ainda assim, existe a fantasia de que é melhor sedar, não deixar o paciente consciente. Quando avaliamos a incidência de sedação paliativa no ambiente hospitalar em geral, vemos que praticamente 100% das pessoas morrem sedadas. Na minha visão, sedar uma pessoa consciente, mesmo que ela esteja em sofrimento, sem que ela saiba que nunca mais acordará é um crime hediondo. Conheço técnicos de enfermagem que eram responsáveis por ligar essa sedação e desistiram de ser profissionais de saúde porque não suportavam o que faziam. Sei que pode ser difícil e tenso, mas temos que encontrar forças para questionar o médico. Não podemos poupar nosso ente querido da morte, mas não precisamos poupá-lo da vida que ele ainda tem.

Entendo que no Brasil morrer consciente, sem sofrimento e cercado pelas pessoas amadas não seja acessível a todo mundo. Talvez seja melhor a pessoa morrer sedada do que experimentar o sofrimento imenso porque ninguém tem coragem de dizer a verdade para ela – que a morte está próxima. É um exercício cotidiano de comunicação. Suprimir a dor vai depender do conhecimento do médico. Ele precisará saber dosar o medicamento para aliviar o sofrimento do paciente sem que ele mergulhe na inconsciência.

Será que eu poderia ter feito mais pela pessoa que se foi?
Quando estamos cuidando de alguém, não pensamos: "Quero que essa pessoa sofra, então não vou dar remédio para a dor, não vou levá-la ao médico, não vou trocar fralda nem medicá-la para ela dormir bem." Se esses recursos estão disponíveis para pessoas que cuidam de pessoas, estou certa de que em 99% das vezes as providências que trazem bem-estar são tomadas. No entanto, se tivermos dúvidas, sempre é possível perguntar: "Como posso cuidar bem de você?" Essa é a pergunta a ser feita, e não "Você quer morrer em casa ou no hospital?" ou "Como você quer morrer?". Uma resposta muito comum à questão sobre cuidar bem é "Não me leve para o hospital, vou me sentir melhor se estiver em casa". Dando continuidade a essa conversa, sugiro perguntar se essa decisão se manterá mesmo que a condição de saúde da pessoa fique muito grave. Ela saberá o que você quer dizer com "muito grave".

Essa é uma daquelas conversas cheias de verdade que exigem muita coragem. Se a pessoa está em processo de morte, não adianta dizer que ela vai ficar boa se tomar o remédio x ou fizer o tratamento y. Não existe mais "vai dar tudo certo". O que podemos oferecer a alguém é o que ele deseja para se sentir bem: uma refeição deliciosa, uma sessão de fisioterapia, um remédio para dormir melhor. A vontade da pessoa consciente de sua condição deve ser soberana.

Como lidar com a nossa emoção diante da dor de uma família que acaba de perder um ente querido?
Muitos profissionais de saúde me fazem essa pergunta importantíssima. Minha resposta é: identificando e acolhendo

essa emoção, que é tão legítima. Já presenciei médicos paliativistas afirmando que "a família tem que aceitar". O que a família *não tem* que aceitar é um profissional que desconsidere a dor e os afetos envolvidos numa perda dessa magnitude. "Ah, mas o paciente tinha 90 anos! Viveu muito!" A verdade é que aceitamos bem a morte de uma pessoa de 90 anos de outra família, mas se fosse um parente nosso a reação seria outra – afinal, a idade avançada permitiu muitas décadas de construção de vínculo. Ao reconhecer a legitimidade da nossa emoção, podemos nos permitir o choro. Certamente seremos vistos como profissionais de altíssima qualidade se, além de dominar a parte técnica, soubermos expressar nossa humanidade. Não são aspectos excludentes de uma boa prática médica ou de enfermagem. Muitas vezes vou a velórios de pacientes queridos e me permito chorar – mas com o cuidado de calibrar a reação emotiva para, por exemplo, não precisar ser consolada por alguém da família. Para além de expressar nossas emoções, saber lidar com elas é o que faz o cuidado ser tão precioso.

Certa vez, acompanhei uma senhora que teve um câncer e, após sua morte, cuidei do marido no tempo de viuvez. Foi um luto difícil o desse senhor, com muitos adoecimentos e saudades lancinantes da companheira, mas ele acabou por viver muitos anos sob meus cuidados. Durante uma viagem minha para fora de São Paulo, esse paciente teve uma descompensação importante e precisou ser internado. Eu havia deixado uma equipe de prontidão, de modo que ele não ficou desassistido, mas sua condição se deteriorou rapidamente e ele entrou em processo ativo de morte. Ainda assim, dia após dia, ele resistia. Lembro-me de ter voltado de viagem, deixado as malas em casa e corrido ao hospital para vê-lo, mesmo sabendo que estava sedado. Eu me aproximei do leito e falei baixinho: "Estou aqui, vim te ver. Que bom que você me esperou – eu queria muito te encontrar ainda neste mundo!" Pois meu paciente despertou e me olhou nos olhos. Eu me emocionei, como toda a família ao nosso redor. Quarenta minutos depois, ele faleceu. "Esperou você voltar", me disse o filho. Eu havia cuidado desse senhor por mais de 15 anos. Se eu não me comovesse com sua partida, não poderia mais ser médica.

Como posso ajudar o doente sem absorver tanta tristeza?
No início da minha carreira eu não sabia o que fazer com o sofrimento do paciente. Precisava de conhecimento sobre isso, mas não tinha ideia de como aprender. Mesmo assim, o simples fato de saber que eu me importava já era de alguma valia para o paciente. As pessoas precisam de profissionais de saúde que tenham a coragem de enfrentar a própria dor e não abandonem o paciente – isso, sim, seria o verdadeiro fracasso.

Quando cuidamos de pessoas que vivem com doenças que ameaçam a continuidade da vida, precisamos construir força e discernimento internos. Creio que isso se dá quando saímos do território da empatia, que nos faz sofrer, e caminhamos para o território da compaixão. É no espaço compassivo que seremos capazes de aliviar a dor sem absorvê-la. Ao aliviar a dor do outro, também encontramos conforto para a nossa tristeza. Profissionais de saúde especializados em cuidados paliativos podem conduzir histórias lindas de morrer, mas para isso precisarão de competência técnica e humana. Há cursos de educação em cuidados paliativos. Tenho muito a oferecer a todos aqueles que se interessam pela potência da cultura do cuidado. Os sites www.casadocuidar.org e www.acqa.com.br trazem informações que podem ajudar a desenvolver essas habilidades.

Como agir quando um familiar não aceita a fase final da vida do doente e insiste em tratamento médico, mesmo que todos saibam que será ineficaz?
Desejar um milagre não é um problema, mas não deve ser a justificativa para evitar os cuidados paliativos em situações de doença grave. Como já vimos, o tsunami virá de um jeito ou de outro. Muitas vezes, quando o caos se aproxima, mesmo os familiares mais resistentes compreendem a necessidade de se preparar, acolhendo e buscando alívio para o sofrimento do ente querido. Na minha experiência, costuma dar certo dizer que cuidados paliativos são um tratamento, e não a *desistência* de qualquer tratamento. Em outras situações, expliquei que era necessário fazer uma pausa no tratamento convencional para cuidar do sofrimento do paciente – afinal, nenhum tratamento para a doença teria efeito se o corpo não estivesse em boas condições para recebê-lo.

Certa vez soube da história de um jovem que se recusava a falar sobre a morte. A médica que o acompanhava precisou de muita coragem para dizer a ele que a doença realmente não tinha mais tratamento, mas os incômodos que ele sentia, sim. Foi lindo quando ele reconheceu isso: "Estou recebendo tratamento porque me sinto cuidado na minha dor, na minha falta de ar, nos meus medos e nas minhas preocupações."

Estou em cuidados paliativos e minha filha acha que vou morrer logo. O que fazer?

Penso que essa filha precisa ser ouvida e acolhida em sua percepção e deve ter acesso a informações corretas e bem dosadas. Cuidados Paliativos (CP) não é uma área de conhecimento que mata as pessoas. O que mata, como já mencionei muitas vezes, é a doença. Cuidados Paliativos não aceleram a morte – pelo contrário, podem fazer com que ela demore mais a chegar, pois melhoram a qualidade da vida que o paciente ainda tem diante de si. Dentro de CP, há um espaço de cuidados para pessoas com prognóstico de cinco anos ou mais; isso significa alívio do sofrimento e preparo para lidar com situações críticas. Cinco anos é compatível, por exemplo, com uma doença cardíaca grave, uma doença renal, até mesmo para alguns tipos de câncer. Ana Michelle Soares, minha amiga e uma pessoa linda que, como eu, fez muitas manifestações de apoio à boa prática dos cuidados paliativos, viveu muitos anos sob esses cuidados. Sua morte, no início de 2023, foi serena e sem sofrimento. Estava cercada pela família e pelas pessoas que amava.

É importante também combater a crença de que a pessoa vai para a unidade de Cuidados Paliativos para morrer. Um paciente grave pode morrer na enfermaria, na UTI, em qualquer parte do hospital. O que posso assegurar é que, numa unidade de CP, a morte virá no tempo certo e com o menor sofrimento possível. Já cuidei de pessoas que tinham poucas horas de vida – e, mesmo com um tempo tão breve, sempre é possível ajustar alguma coisa para melhor.

Conversar sobre todos esses assuntos com familiares e amigos é importante para tirar o elefante branco da sala.

Quando agimos assim, nos preparamos para o caos e não nos tornaremos parte dele quando ele vier (porque virá).

Como podemos ajudar um paciente com metástase e sua família, quando ninguém aceita o prognóstico de finitude?
Permanecendo presente. Não podemos conversar em latim com quem só fala chinês. A única coisa que podemos fazer é estar disponíveis para quando o caos chegar, com uma postura compassiva, jamais acusadora. Negar a existência do tsunami que se aproxima é uma loucura que muitas pessoas cometem em situações de dor e adoecimento extremos. Se é que podemos falar em gradações de caos, certamente ninguém sofre mais do que o paciente, que fica à mercê dos sentimentos de todos os envolvidos: médico, equipe médica, família, ele próprio.

No caso dos profissionais de saúde, costumo recomendar que façam perguntas à família, como: "Quem, afinal, é aquela pessoa que tanto amam?" A resposta pode abrir caminhos para conversas honestas e lindas. Muitas vezes, a negação é uma escolha da família para proteger o paciente e a si própria. No entanto, em algum momento, mesmo essas famílias mais resistentes terão que designar alguém para fazer as perguntas difíceis aos médicos e ouvir as respostas.

Tem algum jeito de saber se uma pessoa está morrendo em paz?
Tem: perguntando. Você está em paz? Faça a pergunta, ouça a resposta e esteja preparado para fazer algo, se for possível, para levar paz a esse momento.

Uma pessoa que não foi boa em vida pode morrer em paz?
Bondade é uma questão de opinião, ou seja, é um olhar do outro sobre nós. Muitas vezes, as pessoas não têm a oportunidade de exercitar a bondade ao longo da vida e com isso não as vemos como bondosas. Ainda que ela tenha sido má, se tiver a chance de receber bons cuidados em sua fase final de vida ela poderá, sim, morrer em paz.

Em meio ao caos iminente, como conversar honestamente com uma pessoa que tem fé?
A melhor definição de fé que já ouvi, insuperável até hoje, veio da mãe de um paciente, Testemunha de Jeová, de quem cuidei há muitos anos no Hospice, e que está contada em mais detalhes em meu livro *Histórias lindas de morrer*. Essa senhora me disse: "Doutora Ana, nem eu nem minha família escolhemos passar por isso, mas se Deus acredita que a gente vai dar conta, não vamos decepcionar Deus." Ela tinha certeza de que Deus, em sua infinita misericórdia, ofertaria tudo o que fosse necessário para a família vivenciar aqueles dias da maneira mais digna e amorosa possível. Um profissional de saúde jamais deve contestar a fé de um paciente e de seus familiares – aliás, quem somos nós para contestar a fé de quem quer que seja?

Ter fé não é ter certeza de que tudo vai dar certo. É ter certeza de que tudo está certo, mesmo que esteja dando errado.

Um profissional de saúde é capaz de ver alguém morrer e não sofrer?
Não creio que isso seja possível. Sofremos, mas é um sofrimento diferente, de quem tem o privilégio de ocupar

um espaço de conforto e alívio na dor do outro. Conforme mencionei antes, no meio médico há um bordão assim: "No meu plantão ninguém morre." Isso é uma fala de quem sofre muito por ver alguém morrer. Mas acredito que o médico se torna uma pessoa melhor quando ninguém *quer morrer* no plantão dele. Vejo alguns médicos tão infelizes que os pacientes devem pensar: "Viver para quê, rodeado de gente assim?" Há pessoas que cuidam tão mal dos pacientes que seria melhor para o paciente não tê-las conhecido. Por isso, sempre que posso me dirigir aos médicos, digo que a primeira vida que têm que salvar é a própria. Porque, antes de fazer diferença na vida dos pacientes, o médico tem que valorizar a própria vida. Não se trata de uma postura egoísta, pelo contrário: um médico que está confortável em seu ofício tem compaixão pelo outro, e por isso ninguém quer morrer no plantão dele. É o tipo de profissional que, se recebe um paciente que sente muita dor, sorri e vai logo dizendo: "Cara, você é um sujeito de sorte, porque eu sei tratar o seu sintoma e esta vai ser uma noite sem dor."

Por outro lado, já me comovi muito com pacientes que me disseram: "Quero que você esteja de plantão quando eu morrer." Quando um profissional de saúde ouve isso, sabe que é uma reverência ao seu saber cuidar. Sabe que é um privilégio. Aquele profissional vai sofrer, mas saberá sofrer na justa medida da honra que lhe foi concedida.

Um paciente em coma pode nos ouvir?
Se ele não tiver problemas auditivos, sim! Isso só não é válido para algumas situações de coma de extrema gravidade, condições vegetativas e lesão cerebral muito profunda. Po-

rém, ele não conseguirá responder. Se você estiver ao lado de uma pessoa em coma, fale com ela com voz agradável ou coloque uma boa música. Nada de sintonizar a televisão em programas que falem de violência. E sempre tenha muito cuidado com o que é dito perto do paciente.

O que dizer a um ente querido em final de vida para ele não achar que está sendo um incômodo para a família?
Sente-se diante dessa pessoa e diga a ela: "Eu amo você. É um privilégio ser sua/seu filha(o)/neta(o)/sobrinha(o)/esposa(o). Você é admirável e muito corajosa(o) por enfrentar o que está enfrentando." Simples assim.

Como agir quando as convicções religiosas do paciente e da família não permitem a real compreensão do prognóstico? O que fazer quando as considerações sobre o avanço da doença, feitas pelos profissionais de saúde, são recebidas com frases como "Vamos ter fé, pois para Deus nada é impossível"?
Para Deus, nada é impossível, inclusive a possibilidade de a família aceitar cuidados de conforto enquanto o milagre não chega. A questão é que muitos médicos e profissionais de saúde têm aversão à possibilidade de um milagre. Parecem ficar contrariadíssimos se as coisas caminharem conforme a perspectiva da família. Quando a família vem com esse discurso, limitam-se a invalidar o que as pessoas estão dizendo, fechando a porta a qualquer comunicação produtiva e enriquecedora.

Em Cuidados Paliativos aprendemos muito sobre as religiões. Sabemos que vários tratamentos que propusermos poderão esbarrar nos limites do que certas crenças aceitam como digno e justo. Então, se tivermos esse conhecimento prévio, seremos capazes de falar na linguagem do paciente e de sua família. O argumento que emprego quando deparo com uma pessoa que tem o discurso do milagre é este: "Eu também quero muito que esse milagre aconteça. Mas enquanto o milagre não chega, temos que fazer alguma coisa para ele não sofrer tanto. Como médica, eu não faria nada para abreviar a vida desse paciente, mas usarei todo o meu conhecimento para aliviar o sofrimento dele. Porque, se o milagre chegar e ele estiver muito mal, não poderá usufruir disso." Minha abordagem é de oferecer um cuidado que dê ao doente a condição de viver o milagre. Penso que esse caminho aproxima o médico do paciente e da família que está em uma negação.

Pacientes com Alzheimer exigem cuidados especiais?
Sim. Quando cuidamos de alguém com essa condição, precisamos ter em mente, sempre, que aquela pessoa é amada e que o fato de o cérebro dela estar doente não apaga sua biografia. Nunca se deve dizer "Agora minha mãe virou minha filha", "Trocamos de papéis" ou afirmações desse gênero. Não houve troca nenhuma. Quando sua mãe nasceu, você não existia. Ocupe com carinho e serenidade o seu papel: o de filha ou filho que cuida da mãe cujo cérebro adoeceu.

Como lidar com a postura por vezes desumana de certos profissionais de saúde sem expor a família e a pessoa hospitalizada a represálias? É possível denunciar?
As famílias têm muito medo de denunciar essas condições terríveis e serem vítimas de represálias. Infelizmente conhe-

ço histórias assim: de cuidados paliativos fake, oferecidos por pessoas que pegaram carona na recente popularização dessa área e afirmam que fazem, mas não fazem. Já vi até mesmo situações que equivalem à tortura. Mas penso que a melhor forma de lidar com essas circunstâncias é adotando uma postura compassiva. Aprendi isso na prática: muitas vezes fui ríspida, discuti com colegas e enfermeiros ao telefone, briguei, e nada disso resultou em qualquer benefício para o paciente. Hoje acredito que o melhor é acreditar que talvez aquele médico ou enfermeiro tenha tido um plantão difícil. Talvez esteja com problemas em casa. Talvez se sinta doente ou perturbado. Diante de uma situação assim, por mais que nos sintamos enfurecidos, recomendo fazer uma pausa, respirar fundo e dizer ao profissional que está provendo o mau atendimento: "Puxa, estou vendo que você está muito cansado, e ainda tem que cuidar do meu pai. Obrigado." Muitas vezes, basta esse olhar solidário para virar a chave do cuidado. No espaço da compaixão sempre teremos melhores chances de tocar o coração do outro.

Como lidar com outros profissionais de saúde que trabalham comigo, mas não valorizam os cuidados paliativos?

Essa é uma pergunta frequente e minha resposta quase sempre é: ignore-os e faça o que precisa ser feito. Mudamos o mundo sendo a mudança que queremos ver nele, parafraseando Mahatma Gandhi. Já tive colegas assim e certa vez disse a um deles: "Percebo que para você deve ser difícil lidar com pacientes em CP, mas tudo bem, acho que você tem feito o melhor que pode." E toquei o plantão.

Como lidar com profissionais que insistem em tratamentos fúteis, quando sabemos que uma cura não é mais possível?
Tenho um olhar compassivo para o médico que se porta dessa maneira. Penso que provavelmente ele não está conseguindo lidar com a frustração de ver o paciente morrer. Minha recomendação é que o familiar adote uma postura acolhedora, dizendo algo como: "Doutor/Doutora, eu sei que é difícil para o senhor/a senhora, mas o que vai matar meu pai não é deixar de fazer a traqueostomia: é a doença dele. O tubo que o senhor está propondo colocar na garganta dele não vai fazer com que o pulmão se regenere. Ele vai morrer porque está com câncer em estágio avançado/porque está com demência avançada, e a família gostaria de ter uma experiência de dignidade nesse momento." Isso exigirá que o familiar ou cuidador se aproprie de conhecimento e adquira alguma coragem para desafiar um suposto "saber". Não há garantias de que essa abordagem vá funcionar, mas acredito no nosso dever de tentar, sempre.

Qual é o status atual dos Cuidados Paliativos no cenário político brasileiro?
Desde dezembro de 2022 estão em vigor no Brasil novas diretrizes para a graduação em Medicina envolvendo boas práticas de Cuidados Paliativos que todo futuro médico deverá conhecer. Acredito que isso vá melhorar ano a ano, à medida que a conscientização sobre a importância desses cuidados for crescendo. Em maio de 2024, o Ministério da Saúde lançou a Política Nacional de Cuidados Paliativos no âmbito do SUS. A expectativa é que mais de 1.300

equipes passem a atuar em território nacional. Apesar de a necessidade ser de pelo menos 5 mil equipes, esta é a maior iniciativa já adotada nesta área no Brasil e prevê investimentos federais para aumentarmos nossa capacidade de melhorar a qualidade de vida de pessoas que precisam de atendimento em Cuidados Paliativos, ampliando a assistência a elas e a oferta de insumos e medicamentos. Mas, para que isso aconteça, existe a necessidade de formação de profissionais de saúde envolvidos nesses cuidados. Parece uma notícia muito boa, porém sabemos que está longe de ser suficiente para o número de pacientes que precisam de cuidados em fim de vida.

Se o país não for capaz de formar e cadastrar equipes de Cuidados Paliativos, talvez apenas troquemos de problema e as pessoas continuem sem esse tipo de assistência.

É nosso dever de cidadania e humanidade cobrar de cada governante que decidimos eleger a implementação de atendimentos que assegurem a todos o cuidado correto, a vida protegida e, enfim, a morte digna, livres de preconceitos que excluam qualquer um de nós do caminho do alívio do sofrimento humano diante da finitude.

Como é lidar com o racismo no universo da saúde, em especial nos cuidados de fim de vida?
Sou uma mulher branca, com DNA originário da Península Ibérica, em sua maior parte, mas com uma pequena parte do norte da África. Ocupo o lugar de fala de quem repudia as dores que infligimos ao povo africano, que veio para o Brasil escravizado e ainda assim construiu nosso país com sangue, suor e lágrimas. No entanto, penso

que, no meu caso, esse lugar oferece uma oportunidade de viabilizar consciência e responsabilidade por meio do antirracismo.

Como pessoa que cuida de outras pessoas, acho que posso dizer e escrever muita coisa sobre as diferenças no cuidado de pretos e brancos.

Até chegarem a nós, profissionais de Cuidados Paliativos, as pessoas pretas já sofreram toda sorte de preconceito. O mais evidente ao nosso olhar é o preconceito que leva à exclusão do cuidado com a saúde – da negligência no diagnóstico até maus-tratos no atendimento, como vi acontecer com quase todos os pretos que conheci já bem perto da morte. Ao escutar suas histórias terríveis, a raiva toma meu coração e penso que, se eu fosse alguém com poder neste mundo, transformaria esses maus-tratos em crime hediondo, perdoável apenas a quem passasse seu tempo de punição lavando as fraldas de pessoas doentes sem conhecer a cor da pele delas. Seria um belo aprendizado descobrir que todos nós somos iguais em produzir excrementos tão humanos. Contemplo essas cenas imaginárias e preciso me acalmar para seguir a vida.

Mas sou professora. Posso ensinar. Posso ajudar a fazer diferente.

Quando trabalhava no Hospice (um serviço do Hospital das Clínicas da Faculdade de Medicina da USP e, portanto, vinculado ao SUS), elaborando o plano de ensino dos residentes de Cuidados Paliativos, decidi que na primeira semana eles deveriam ter uma experiência rara na vida de uma pessoa que escolhe a medicina paliativa: cuidar de alguém, mas cuidar mesmo, cuidado-raiz. A ideia era que conhecessem profundamente as necessidades de alguém em fim de vida, muito além de tratar a dor e os desconfortos.

Antes de colocar meu planejamento em prática, testei como seria: pedi a uma técnica de enfermagem que me ensinasse a dar banho, trocar fralda e ofertar as refeições para pacientes em cuidados paliativos. Ela me olhou como se eu fosse uma extraterrestre... mas me ensinou.

Todos os pacientes que participaram do projeto eram pessoas pretas – assim como minha nobre professora, já que a maioria das enfermeiras são mulheres pretas.

A cada interação com os pacientes eu pedia licença para oferecer cuidados e recebia um amoroso "Sim, doutora!". Como já estavam internados, eles me reconheciam como sua médica. Toquei a pele, os cabelos, as feridas daquelas pessoas. Fiz isso com reverência e profundo senso de responsabilidade. Essa consciência me trouxe, e ainda traz, os privilégios belíssimos de testemunhar os milagres que acontecem quando oferecemos o cuidado respeitoso e amoroso. As pessoas pretas de quem cuidei e cuido florescem, desabrocham em seus sorrisos e no brilho nos olhos, reconhecendo que o simples fato de serem cuidadas por alguém que as respeita já é uma dádiva de amor.

No meu dia a dia como médica que cuida, sei que, além de fazer exame físico, diagnóstico, prescrição e tratamento, preciso ajudar o paciente a se vestir depois do exame, me abaixar para calçar os chinelos, ajeitar os cabelos ou a barba e dar aquele toque final de beleza segurando o espelhinho ou ajudando a passar um batom, às vezes até cortando e pintando as unhas. Ser médica e professora me ajuda a ensinar aos meus alunos que nosso trabalho de oferta do cuidado digno precisa ser inclusivo e não pode haver espaço para o preconceito.

Enquanto eu viver, defenderei o direito de todas as pessoas a receber cuidados. No entanto, sei que a população preta precisa de quem defenda melhor esses direitos. A mim, como mulher branca, cabe ser uma praticante de pensamentos, voz e ações antirracismo. Não basta dizer que não somos racistas, precisamos ser oposição firme ao racismo. E assim abrir caminhos para uma realidade mais humana. Isso, sim, é uma urgência médica.

Devemos seguir sem hesitar esse caminho de mudança. Minha esperança se mantém viva desde que aprendi, num texto sobre a sabedoria iorubá, que olhos que viram o mal e não ficaram cegos um dia verão o bem.

Agradecimentos

Há muito tempo estou tentando elaborar os agradecimentos deste livro. Cheguei a entregar o primeiro manuscrito sem eles, talvez na esperança de passar como um item despercebido, mas, como eu temia, a pergunta chegou: "Ana, vai ter agradecimentos? Guardamos espaço para eles!"

Então, vou conjugar o verbo agradecer no passado, no presente e, de uma forma muito ousada, também no futuro. Ao passado, agradeço a muita gente que não vai poder ler este livro por já não estar presente nesta vida. A essas pessoas devo o meu modo de saber viver a vida que tenho hoje: minha avó, mãe da minha mãe, que me cuidou, me amou, me transbordou de Amor de onde poderia não haver quase nada; meu pai, que me ensinou a sempre acreditar que a vida vale a pena e que o maior desafio é superar a si mesmo; minha irmã, Ana Martha, que me ensinou a viver a vida de um jeito possível, mesmo quando tudo parece impossível; minha mãe, que me deixou um sorriso como seu último suspiro e, com essa última lembrança indelével da minha memória, me ensinou a terminar cada dia com essa noção de amor silencioso; meu querido professor Marco Tullio, a quem eu tenho gratidão por ter me despertado amorosamente a inquietude de procurar os caminhos, mesmo que difíceis, e encontrar o que meu coração pede.

A todas as pessoas de quem cuidei – do alto de sua jornada final, feita de coragens e de medos, de dúvidas e também da confiança que colocaram no meu coração, no meu conhecimento e no meu trabalho junto delas – meu mais emocionante agradecimento. Agradeço ter na minha memória não mais as lágrimas que derramamos juntos, mas os sorrisos que fizemos nascer uns nos outros.

No presente, agradeço a meus filhos, Maria Paula e Henrique, que sempre me levam a refletir sobre minha coerência, de dizer, sentir, falar e agir de acordo com a verdade e o amor. Todo mundo sabe quão difícil é seguir sendo a mesma pessoa em casa e no trabalho e quão complexo é fazer tudo isso com consciência dentro de casa. Família é sempre um lugar privilegiado de aprendizados maiores na vida.

Agradeço a amizade da Anete, amiga irmã de tantas horas difíceis e de horas maravilhosas. A amizade de Maria Flavia, com quem partilho longas caminhadas externas e internas saboreando a importância da força, do amparo, da proteção que jamais nos falta. A Taís Araújo, por me dar coragem para ser quem acredito que todas nós somos. E agradeço a Alcio, meu companheiro de vida, ou vidas, que se torna a cada dia meu melhor lugar de viver dentro do coração amoroso e sensível. E a mais amizades que percorrem minha vida, e mesmo algumas que findaram me fazem sentir outras que ainda vão nascer – celebro com elas o aprendizado que mereci trazer comigo até aqui.

E, por fim, agradeço aos que vão ler este livro e transformarão cada palavra em ação digna e respeitosa diante da vida de alguém que terminará seus dias recebendo os cuidados que ensino aqui. Agradeço a confiança e a honra de fazer parte da história de todos vocês.

Todos que são cuidados com amor terão cumprido a missão de mestres de si mesmos, de mestres de Amor e Verdade na própria vida e na vida de seus amados.

Chegará o dia em que todos irão habitar a minha história, e nessa felicidade memorável vamos honrar a sabedoria eterna de cuidar até o fim sabendo que cuidar nunca tem fim.

ACQA

CONHEÇA OS LIVROS DE
ANA CLAUDIA QUINTANA ARANTES

A morte é um dia que vale a pena viver

Histórias lindas de morrer

Pra vida toda valer a pena viver

Mundo Dentro

Cuidar até o fim

Para saber mais sobre os títulos e autores da Editora Sextante,
visite o nosso site e siga as nossas redes sociais.
Além de informações sobre os próximos lançamentos,
você terá acesso a conteúdos exclusivos
e poderá participar de promoções e sorteios.

sextante.com.br